Vivências sobre Liderança

Artur Coutinho

Vivências sobre Liderança

Prefácio
Mário Sérgio Cortella

QUALITYMARK

Copyright© 2013 by Artur Coutinho

Todos os direitos desta edição reservados à Qualitymark Editora Ltda.
É proibida a duplicação ou reprodução deste volume, ou parte do
mesmo, sob qualquer meio, sem autorização expressa da Editora.

Direção Editorial	Produção Editorial
SAIDUL RAHMAN MAHOMED editor@qualitymark.com.br	EQUIPE QUALITYMARK
Capa	Editoração Eletrônica
EQUIPE QUALITYMARK	SBNIGRI ARTES E TEXTOS LTDA.

CIP-Brasil. Catalogação-na-fonte
Sindicato Nacional dos Editores de Livros, RJ

C895v

    Coutinho, Artur
    Vivências sobre liderança / Artur Coutinho. – 1. ed. – Rio de Janeiro:
Qualitymark Editora, 2013.
    160 p. : il. ; 21 cm.

    Inclui bibliografia e índice
    ISBN 978-85-414-0121-0

    1. Liderança. 2. Administração. I. Título.

13-06836   CDD: 658.4092
                                                                                                CDU: 65.316.46

2013
IMPRESSO NO BRASIL

Qualitymark Editora Ltda. Rua Teixeira Júnior, 441 – São Cristovão 20921-405 – Rio de Janeiro – RJ Tel.: (21) 3295-9800 ou 3094-8400	QualityPhone: 0800-0263311 www.qualitymark.com.br E-mail: quality@qualitymark.com.br Fax: (21) 3295-9824

Agradecimentos

À Angélica, amor de minha adolescência que se fez eterno, enquanto subordinado à efemeridade da vida.

A nossos filhos, por sua beleza como seres humanos, dádivas com a divina capacidade de se multiplicarem em novas dádivas a cada neto.

Aos meus líderes que sempre me puxaram para cima e a meus liderados que sempre me empurraram para o alto.

A meus colegas de trabalho que constroem um Brasil que voa sob um sol que não mais se põe para nós. É a vocês que escrevo.

Aos que me emprestaram seu valor pela sua participação na edição deste livro.

Grande abraço a todos.

Prefácio

Vivências exemplares, lições partilhadas!

Mario Sergio Cortella
filósofo e escritor

*"O bom da pipa não é mostrar aos outros,
é sentir individualmente a pipa,
dando ao céu o recado da gente"*
(Carlos Drummond de Andrade, Moça sentada na grama)

Esse Artur Coutinho é inconformado; quer voos mais altos e melhores, e, para a nossa alegria, como um líder persistente, não quer só para ele.

Deseja, e consegue, repartir conosco muitas vivências que, em quatro décadas de fervilhante atividade, conseguiu edificar nas várias trilhas como liderança que percorreu e ainda percorre. Engenheiro mecânico, com pés no chão e olhar no horizonte, aproveitou ao máximo sua formação original no Instituto Tecnológico da Aeronáutica, lugar de excelência para ajudar a formar lideranças excelentes, aquelas que procuram transbordar para além dos confortantes (e perigosos) patamares medianos.

Agora, neste livro, faz um inventário seletivo de práticas, dúvidas, alegrias e agonias que ele mesmo experimentou e que, para não ficarem reclusas na subjetividade existencial, decidiu Artur contá-las, para ganharem objetividade comunicacional. O faz com intensidade analítica, sem desnecessária extensidade textual em cada uma, com humor inteligente e provocações pertinentes, para que se possa meditar, e, com mais certeza, agir; consegue usar primeira pessoa, sem ser chato nem narcísico, e não poderia fazer diferentemente, pois, se são vivências exemplares, dele partem para em nós chegarem, como inspiração, alerta, motivação e guarida.

Artur Coutinho, com toda a expertise que acumulou no Brasil e exterior no mundo das engenharias e, nas décadas mais recentes, nos negócios da indústria aeronáutica e espacial, não ficaria satisfeito se não desse "ao céu o recado da gente".

E que recado é esse, que vem da vivência, insista-se, e não da mera leitura abstrata?

Em um trecho diz "O líder como responsável por sua equipe tem que produzir resultados que garantam a sustentabilidade do negócio e sua perpetuidade"; em outro sugere: "Um resultado, apenas razoável, obtido em situação extremamente adversa também eleva nosso moral. Merece celebração"; em outro, ainda, nos adverte: "O cliente não espera de nós, festas, presentes, carinho ou bajulação, espera resultados. Nada tem valor no longo prazo para o cliente, a não ser que ele esteja atingindo seus objetivos com nossos produtos e serviços. O que ele quer é que nossa atuação acrescente valor aos seus resultados e é dentro desse critério que ele irá ESCOLHER seus fornecedores".

São dezenas e dezenas de lições tecidas no cotidiano, em cenários turbulentos e outros aprazíveis, em situações de crise e outras de bonança, certas arremetidas, algumas tranquilidades, sempre com voos que, contendo recado, não almejam ser nem receituário e nem mera ilustração casuística.

Líder mesmo faz isso: recusa guardar só para si o que importa demais ser partilhado!

Apresentação

O homem por trás do líder

Nesta coletânea de escritos de meu pai, coube a mim a especial tarefa de apresentar o homem por trás do líder, isso é, os pontos de convergência entre o líder e o pai, entre o profissional e o homem.

Os primeiros escritos de meu pai a que tive acesso, ainda quando criança, foram cartas, bilhetes e fragmentos de poesias registrados muitas vezes na forma de dedicatória nos livros com os quais presenteava os mais próximos. Muitos desses livros foram endereçados ao meu avô Luis, ele próprio, um presente para nossa família.

As dedicatórias contavam a história dos afetos de nossa família e revelavam facetas desconhecidas de pessoas bastante íntimas: um apelido carinhoso, uma data de aniversário já esquecida, um pedido de desculpas por algum desentendimento passageiro. Leitura instigante para uma menina que começava a se interessar pelos destinos do amor.

Paradoxalmente, as palavras escritas com capricho para o meu avô me apresentavam ao meu pai, um homem cuja emoção, no mais das vezes contida, manifestava-se especialmente naquela relação com o senhor magro, calvo e calmo que está presente em nossas memórias ainda hoje, trinta anos após a sua morte.

Passear por esses escritos atuais, foi resgatar a origem de alguns valores transgeracionais e verificar sua aplicabilidade aos processos de liderança que meu pai empreendeu ao longo de sua vida profissional. Foi também uma maneira de perceber a coerência entre o exemplo que tivemos em casa e suas atitudes para com as pessoas no ambiente de trabalho.

Como o próprio autor nos diz: "Não basta que os padrões existam, é fundamental que eles orientem os comportamentos e as atitudes. O discurso e a prática devem caminhar lado a lado. Não se consegue enganar por muito tempo aqueles que estão ao nosso redor. O líder que prega um padrão e age de forma não conforme com ele não desperta confiança e não conseguirá se manter como líder. Uma das armas para o líder solidificar sua posição e conduzir a equipe para um futuro melhor é o exemplo. Discurso descasado do exemplo é discurso vazio, o que o líder fizer vai falar muito mais alto que as palavras dele".

Os pequenos contos reunidos neste livro contêm diversos elementos que considero serem a essência de sua controvertida personalidade, a começar pela linguagem coloquial e direta que traz a marca da simplicidade e a ênfase no conteúdo a ser comunicado, na mensagem que toque o interlocutor, pela via do humor ou da sensibilidade. Em tempos de valorização das aparências em detrimento das relações humanas, valorizar o simples e o belo, ver beleza no que é simples e verdadeiro são marcas do legado que ele buscou construir.

Sua concepção da beleza está ancorada na bondade e na correção, na "justeza" e na doação àquilo que somos, àquilo que acreditamos e àquilo que podemos oferecer ao outro. Não é a beleza das aparências ou a bondade que está relacionada à meiguice ou aos bons modos. A beleza, a perfeição a que o autor se refere em alguns textos, pode ser entendida não como padrão universal, mas como o motor que nos impulsiona a buscar o melhor de cada um de nós, a partir de nossas diferenças, sem nos resignarmos ao mediano, ao satisfatório.

Desejar mais e supor que somos capazes de produzir o melhor. Mirar o intangível para aproximar-se dele sem jamais inibir-se pela distância que o separa de nós. Valorizar cada passo em direção ao futuro que desejamos. Futuro que inclui o outro e a responsabilidade social pelo todo.

Não poderia deixar de mencionar com orgulho a participação de meu pai nas ações sociais voltadas para a educação, como por exemplo o programa de erradicação do analfabetismo na empresa e o apoio ao Colégio Juarez Wanderley, que expressam não apenas a esperança nas novas gerações, mas a necessária cota de investimento para que elas tenham a oportunidade de florescer.

Pai, a escrita deste livro encerra um ciclo de forma generosa. Espero que o registro de suas experiências inspiradoras possam ser mobilizadoras de desejo de transformação nas vidas singulares.

Sobre o momento de "vestir o pijama", só posso dizer que estamos todos ansiosos por esse dia e desejosos de sua presença.

Ana Beatriz Coutinho Lerner
Doutora em Psicologia e Educação
USP – Universidade de São Paulo

Sumário

A Competência em Desenvolver Pessoas e Novos Líderes ... 3
    O Astronauta Líder 5
    A Antropóloga 8
    A Liderança e o Casamento 14
    A Liderança e o Núcleo Duro 16
    Formação de Líderes e a Morte 18
    Liderança e Apneia 21
    O Líder e a Agenda Reversa 23
    O Líder, a Coerência e a Razão 25
    O Líder e a Confiança 27
    O Líder e a Crise 30
    O Líder e a Diversidade 33
    O Líder e a *Golden Banana* 36
    O Líder e a Tristeza 39
    O Líder e o Amor 41
    O Líder e o Bebê 43
    O Líder e o Capitão 46
    O Líder e o Crescimento Deles 48
    O Líder e o Dia dos Professores 50
    O Líder e o Filósofo 52
    O Líder e o *Motivator* 54
    O Líder e o Talento 58
    O Líder e os Santos de Casa 60
    O Líder e Sua Caixa de Ferramentas 62
    O Líder e Sua Mensagem à Equipe 65

O Empresariamento de Processos e Resultados 67
    A Excelência 69
    Liderança e Freadas de Arrumação 71
    O Clima Organizacional 74

O Líder, a Cangalha e o Burro 77
O Líder e a Qualidade 79
O Líder e a Situação 82
O Líder e o Caminhão do Azambuja 85
O Líder e o Coalhada 87
O Líder e o Controle 90
O Líder e o Empresariamento do Cliente 93
O Líder e o Modelo de Gestão 98
O Líder e o Resultado 101
O Líder e o Saltador em Altura 103
O Líder e Sua Responsabilidade Social 105
O Líder, o Pão Pulmann e a Baguete 107

O Autoempresariamento 111
As Origens 113
O Líder e o Paraquedas 116
O Líder e "Uma Nova Era" 121
O Líder e a Emoção 124
O Líder e a Iniciativa 126
O Líder e o Tempo 129
O Parto e o Líder 131
O Líder e Sua Carreira 134
O Legado 136
O Crepúsculo e o Líder 138
Encerramento 141

Introdução

Este livro é baseado em histórias reais ocorridas durante os trinta e seis anos em que desempenhei, bem e mal, o papel de líder em empresas brasileiras.

Elas foram escritas em um curto período de tempo, compondo-se em uma coletânea de ocorridos, e só após a escrita comecei a pensar em como poderiam ser minimamente ordenadas para compor um livro com pés e cabeça.

Ao tentar ordená-las, pensei em fazê-lo agrupando por competências do líder segundo Waren Bennis, usando a trilogia da capacidade de desenvolver uma visão, capacidade de comunicação e capacidade de implementação, ou segundo as competências de empresariamento de pessoas e novos líderes, de empresariamento de processos e resultados e de autoempresariamento.

Fosse qual fosse a escolha, haveria um desbalanceamento do número de histórias que eu conseguiria classificar em cada competência, pois elas foram escritas segundo a aleatoriedade dos ocorridos e sem atentar para o fato de que elas deveriam se enquadrar nas competências X , Y ou Z.

Alguma competência fundamental de líderes pode até não estar mencionada ou coberta por qualquer história, ao mesmo tempo em que algumas delas poderiam ser usadas para dar sustentação a mais de uma competência.

Decidi pelas três competências relacionadas a pessoas e novos líderes, empresariamento de processos e resultados e autoempresariamento; e assim fomos em frente.

Começar então por que competência? A maioria das histórias se liga ao desenvolvimento de pessoas e lideranças, pois durante boa parte de minha carreira tentei ser um líder desenvolvedor de líderes; assim, vamos começar pela competência em lidar com pessoas e novos líderes, por sinal, uma das mais importantes a ser identificada em todos os que pretendem ser líderes.

Também decidi terminar o livro com o autoempresariamento, pois assim fechamos dando a cada leitor alguma dica de como minha carreira se desenvolveu e, também, àqueles que tirarem daqui alguma inspiração, damos uma forma de fecharem o raciocínio com uma reflexão sobre si próprios.

Veremos onde isso vai dar.

A Competência em Desenvolver Pessoas e Novos Líderes

O Astronauta Líder

Trabalhar numa grande empresa e numa empresa grande às vezes nos proporciona oportunidades que seriam quase impossíveis, caso as premissas anteriores não fossem verdadeiras.

Uma dessas oportunidades apareceu para mim quando trouxemos o astronauta James McDivitt para uma visita e uma série de palestras em nossa empresa, e eu fui convidado a acompanhá-lo durante a visita.

Vi, ouvi, convivi e aprendi algumas coisas sobre liderança.

Após a visita, resolvi analisá-la da perspectiva da caixa de ferramentas do líder para ver o nível de coerência entre o astronauta líder de duas missões espaciais e, posteriormente, líder do programa Apollo – aquele que levou pela primeira vez o homem à lua – e os valores, princípios, comportamentos, atitudes, práticas e conhecimentos que compõem essa caixa de ferramentas.

Comecei pelo que me chamou atenção durante sua visita: a inesgotável **energia** de James, mesmo após 83 anos de vida. Ele se mantinha absolutamente lúcido, elétrico, lépido, agitado e em grande forma física. Quando o CEO de nossa empresa tentou começar a falar durante a apresentação dele, preocupado em dar-lhe um descanso por alguns minutos, ele sem titubear o tirou de cena com um alegre "quem está no palco sou eu, logo, mantenha-se na plateia". Um dia eu chego lá, aos 83.

Passei então para o quesito **alegria**. Durante toda a visita, o astronauta não tirou o sorriso do rosto. Um sorriso espontâneo, como o de uma criança ao ver um desejado brinquedo. Brincou o tempo inteiro, fez a plateia rir inúmeras vezes e contou passagens alegres de sua vida. E que vida interessante a dele.

Com relação aos **valores**, à **ética** e à **honestidade**, contou-nos sobre o momento em que foi convidado a se juntar ao time de astronautas da NASA. Vivia um momento de grande realização pessoal na USAF (Força Aérea Americana), **fazendo o que adorava**, que era voar como piloto de provas todos os tipos de aviões em uso ou em desenvolvimento; sua primeira reação foi a de não aceitar o convite, mas depois, pensando em tudo o que o país já havia investido nele, decidiu que era a hora de retribuir e não conseguiu rejeitar o convite. Virou astronauta.

Nem é preciso falar de **desafios**, **metas** e **objetivos** e **limites distantes**; estes foram levados à estratosfera e à Lua.

Em termos de **delegação situacional**, ele comandava a missão Gemini 4, a que primeiro colocou um homem fora da cápsula espacial, Edward White, agindo sob seu comando. Cada um executando suas ações e desempenhando o seu papel.

Para falarmos sobre a questão de **tomada de decisão**, nessa mesma missão, ao tentarem abrir a escotilha da cápsula, tiveram dificuldades para fazer o mecanismo funcionar. O dilema então passou a ser: "se conseguirmos abrir, será que a escotilha voltará a se fechar?". E, brincando na palestra, ele disse: "se não abríssemos, a missão seria um fracasso, se a escotilha não mais se fechasse, morreríamos torrados na reentrada na atmosfera. Como vocês podem imaginar, foi uma decisão fácil, conversei com a equipe e decidi abrir".

Em termos de **ousadia e inovação**, o ano era 1969, não existia telefone celular, não existia o VOLP (vocabulário ortográfico da língua portuguesa) nem adiantava tentar esclarecer assuntos acessando o Google. Só para termos uma real dimensão do nível de ousadia, naquele tempo o computador de bordo não conseguia armazenar mais do que umas trinta mil linhas de programa; e foi com essas limitações que eles, no programa Appolo, conseguiram chegar à Lua.

Sobre **planejamento**, contou-nos que para as missões existia a tripulação principal e mais duas de reserva, com exatamente o mesmo nível de treinamento, preparadas para os imprevistos que poderiam surgir de última hora, antes dos lançamentos. Falou-nos das dezenas de vezes em que cada ação era repetida; eram semanas repassando as listas de verificações a serem feitas antes da contagem regressiva.

Empreender resultados dispensa comentários, pois basta a lembrança de que ele foi líder do programa que deixou as primeiras marcas de botas na superfície da Lua.

Perguntado sobre a corrida espacial com a Rússia, falou-nos que ela foi vencida pela **excelência dos meios**: os computadores americanos eram digitais e os russos analógicos.

Em se tratando de **competência, conhecimento** e **excelência**, ele se graduou como o primeiro da classe na universidade.

Quanto à **inspiração**, isso dava para ser visto durante as apresentações nos olhos brilhantes de nossos engenheiros que as assistiram.

Por que eles realizaram essa proeza e empreenderam esse resultado incrível? "Porque John Kennedy conseguiu reunir um número significativo de pessoas e mentes brilhantes **em favor de uma causa**". Derrotaram os russos e viraram o jogo na corrida espacial.

A questão do **reconhecimento** e da **celebração** pode ser constatada pelo número de títulos que o McDivitt possui.

Toda a **alegria, energia, felicidade** e **jovialidade** aos 83 anos é o tributo e a celebração de uma vida que esteve em duas missões espaciais, e mais do que isso, em 145 missões de combate aéreo na guerra da Coreia.

Estando ainda vivo, esse astronauta líder tem mesmo muito a celebrar.

PS: Os fatos e dados podem ter alguma imprecisão, mas os conceitos são precisos. São preciosos os conceitos, e necessários ao líder.

A Antropóloga

Dentro de nosso programa de reforço da cultura empresarial, tivemos a oportunidade de assistir a uma excelente apresentação da antropóloga Carmen Migueles.

Eu estou sempre antenado, tentando identificar oportunidades para discutir com minha equipe de líderes em nossas atividades de treinamento; e assim eu estava lá.

Acontece que, durante a apresentação, diversos conceitos interessantes foram apresentados, o que me permitiu criar um material para ser debatido em meu programa *Conversa sobre liderança*, que se aplicava a todos os líderes de meu time, de supervisores a diretores.

Preparei então um material baseado em conceitos como os apresentados a seguir:

Conversa sobre liderança

O feio, o imperfeito, o malfeito, o inacabado afetam a psiquê humana.

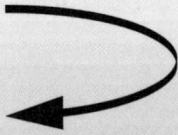

O bonito, o perfeito, o bem-feito, o acabado afetam a psiquê humana.

O debate passou pelo entendimento do verbo "afetar", acima utilizado, que, em um sentido, gera um efeito negativo, e, em outro, gera um sentido positivo.

Se, por um lado, maus resultados destroem o moral da equipe, por outro, bons resultados o elevam.

Não basta fazer, tem que fazer bonito, bem-feito, perfeito e completamente feito, além de ser simples, limpo, com custos e qualidade excedendo expectativas e no prazo e no lugar certo. Fácil, não é?

Uma equipe que entrega bons resultados e é reconhecida pelo que realizou sempre vai querer mais e do mesmo.

Conversa sobre liderança

Dois recursos escassos: tempo e energia vital

Com Energia Vital realizações seriam muito mais presentes.

O tempo implacavelmente passa e é um bem não renovável. Como dizia um de meus amigos, uma noite de amor adiada é uma noite perdida. Você até pode ter outras noites de amor, mas aquela que foi adiada, você nunca mais a terá. Sendo um amigo dos tempos de juventude, amigo de mesa de bilhar, é evidente que as palavras por ele utilizadas eram imperdíveis e impossíveis de serem aqui repetidas. Use sua imaginação com muita ousadia e liberdade.

Assim é com tudo em nossa vida. Se tiver que ser feito, e a prioridade estiver certa, faça já.

Sobre a questão de energia vital, muito já falei que não existe líder de baixa energia. Quando todos estiverem cansados, o alento tem que vir através das palavras e do exemplo do líder, e ele não pode se dar ao luxo de estar cansado também. Certa vez, ao conversar sobre um projeto que requeria uma "tocada forte", conclui que uma tocada forte significa um líder forte, uma "Dama de Ferro", que, como sabemos, faz uma enorme diferença.

Conversa sobre liderança

Assimetria de informação impede que tenhamos foco.

Assimetria de informação impede que as pessoas deem o seu máximo.

Ao ver a antropóloga trazendo essa questão, imediatamente fui remetido ao quanto temos dificuldade para manter toda a nossa equipe homogeneamente informada sobre assuntos de grande relevância para todos. Isso se não formos líderes do tipo que adota a prática do "núcleo duro", quando somos instrumentos vivos da assimetria de informações. A alguns, todas as informações, inclusive alguns desabafos e confidências, a outros, informação apenas necessária para mantê-los na ignorância do todo.

No universo empresarial, onde os integrantes de nossas equipes cada vez mais se movem pelo entendimento do todo e por "causas", a assimetria de informação realmente é uma restrição a que cada um entregue às boas causas todo o seu potencial; sem a entrega completa do potencial de todos, os resultados serão apenas os razoáveis.

Conversa sobre liderança

> Uma das principais lacunas nas sociedades latinas:
>
> Baixa taxa de confiança.

Lacuna ou, talvez, abismo, se pensarmos no contexto político atual: baixa taxa de confiança nas instituições, baixo compromisso com o longo prazo levando ao imediatismo, baixa prática de valores individuais, baixo investimento no futuro distante, baixa competitividade dos países e baixa distribuição de renda.

No ambiente empresarial, o exercício da liderança repousa sobre a taxa de confiança entre líderes e integrantes das equipes. Sem a confiança que une líder e liderados, não dá para ser feliz nem como líder nem como liderado.

Quebra de confiança significa ruptura definitiva, não dá para haver uma relação saudável em um ambiente de desconfiança.

Conversa sobre liderança

Ameaças ao desenvolvimento da confiana na organização

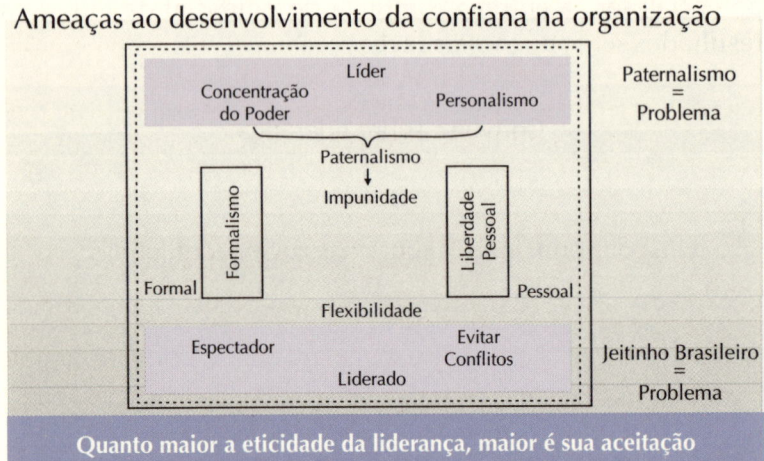

Temos aqui uma visão de nossa antropóloga que é fundamental para o entendimento dos líderes.

O líder que concentra poderes coloca sua equipe em modo de espera ou de expectador, pois todos aguardam a palavra do líder para começar a pensar, sempre de forma "alinhada" com o líder, e a agir, sempre da forma como o líder gostaria que eles agissem. Isso é muito perigoso pela perda da diversidade, algo como: vamos todos seguir em frente, mesmo que uma catástrofe nos espere. Ainda mais que, como nos ensina Antoine de Saint-Exupéry, "quem anda sempre em frente não pode mesmo ir longe".

O líder que pratica o personalismo, muitas vezes rotula as pessoas e passa a tratá-las pelo rótulo, colocando-as em um modo de defesa. E como muitos podem precisar do emprego, o que é diferente de precisar do trabalho, para evitar conflitos, ajeitam-se ao líder e não avançam além do mínimo necessário de modo a não se exporem demasiadamente; assim, obtém-se uma equipe medíocre, resultados apenas razoáveis, moral médio e sucesso limitado. O personalismo também pode levar ao "núcleo duro", com a inclusão de alguns e exclusão de outros ou muitos, o que acaba dando no mesmo resultado final: baixa *performance*.

Para concluir, poderíamos dizer que líderes que fazem apenas a gestão dos aspectos tangíveis em uma organização não cumprem os papéis que se espera do líder. Beleza, perfeição, simplicidade, excelência, energia vital, motivação, conhecimento, comunicação e entendimento, além de confiança, são todos aspectos intangíveis que, se devidamente tratados, podem fazer de você um grande líder.

A Liderança e o Casamento

Em um casamento, ouvindo o pastor, percebi que o que ele falava se aplicava, com pequenas adaptações, ao exercício da liderança; então vejamos:

Para que alguém possa se casar é necessário:

- **Aprender que não existe o ser humano perfeito**. Poderia ser diferente o entendimento do líder?
- **Aprender a amar e ser feliz**. Poderia alguém que não ama pessoas assumir papéis de liderança? É possível ao líder infeliz transferir energia positiva a seus liderados?
- **Saber expressar o que pensa e compreender o que ouve**. O líder que não se comunica não tem condições de liderar, e a comunicação é uma via de duas mãos, falar e ouvir, como sabiamente explicava o pastor.

- **Vencer as barreiras dos preconceitos.** Cabe ao líder trabalhar com a diversidade e tirar dela o melhor proveito. A diversidade enriquece. O preconceituoso, por não aceitar a diversidade, terá sempre mais do mesmo; esse não é um papel de líder.
- **Aprender a viver em comunidade.** Pode o líder existir ou viver sem sua equipe? Quem institui o líder é a equipe ao aceitar sua liderança. E quem mais empurra o líder para o sucesso senão sua equipe?
- **Não olhar para o outro, mas sim com o outro.** Os bons e os maus momentos, o verdadeiro líder partilha com a equipe, não olhando para ela nos maus momentos nem para si próprio nos bons momentos. O líder vê o futuro com a equipe, e é com ela que ele transformará esse futuro em realidade, todos juntos, olhando para o mesmo lugar.

Ao término do casamento, eu deveria ter agradecido ao pastor pelas lições de liderança que ele acabara de me dar, o que, confesso, não fiz.

A Liderança e o Núcleo Duro

Existem madeiras moles e madeiras duras. A maior parte das madeiras de lei vem de árvores que possuem seu cerne, a parte central do tronco, onde se localiza a madeira mais dura.

As equipes podem tender a ser como árvores de madeira de lei, pode ser que alguns ou muitos membros tendam a constituir o cerne de uma equipe.

O líder desavisado pode até reforçar essa situação através de práticas equivocadas de liderança, tais como rotular pessoas, atribuir os melhores trabalhos sempre aos mesmos participantes, elogiar apenas alguns, não conversar com todos, beber um chope com os mais amigos ou dar aumento sempre aos mesmos.

O que o líder tem que aprender é que a existência do núcleo duro em sua equipe é um fator altamente prejudicial no que se refere ao resultado alcançado e ao resultado que potencialmente poderia ser alcançado.

O núcleo duro cria o sentimento de pertencimento para alguns membros da equipe, porém cria em todos os outros um forte sentimento de exclusão. Os excluídos não colocarão à disposição do líder o seu melhor e, por isso, o resultado atingido diferirá muito daquele que seria possível.

O núcleo duro arrasta consigo o senso do protecionismo e paternalismo, e o pior é que isso afeta tanto incluídos como excluídos.

Os excluídos olham para o líder e veem alguém que está sempre protegendo os mesmos, dando a eles tudo o que há de bom: os melhores trabalhos, os melhores elogios, muito mais atenção e os aumentos salariais.

Os incluídos olham para o líder e veem alguém que está sempre protegendo aquela cambada de incompetentes que só serve para os trabalhos inferiores, para receber broncas e contribuir pouco com os resultados, reduzindo a produtividade do time e a remuneração variável de todos.

O núcleo duro é danoso para o líder aos olhos de toda a equipe, embora, ainda que por motivos diversos, nem os incluídos nem os excluídos reclamem dele com a frequência que deveriam; se o fizessem, dariam ao líder uma oportunidade de se corrigir e crescer.

A barra da excelência tem que subir para todos da equipe, não apenas para alguns. O treinamento e o desenvolvimento de pessoas devem atingir toda a equipe, a rotação do trabalho pode ser praticada, quem pega um trabalho bom hoje, não deveria pegar o próximo trabalho bom, a atenção deve ser distribuída de forma equânime, o elogio e o reconhecimento, idem, e a celebração das grandes e pequenas vitórias deve incluir a equipe como um todo. Até os participantes do chope têm que ser alternados.

Cabe ao líder fazer crescer e permitir o crescimento de todos; só o líder pode ter uma equipe formada por campeões.

Todo líder tem a equipe que merece.

Formação de Líderes e a Morte

É mais frequente do que se possa imaginar que empresas se vejam limitadas em suas possibilidades de crescimento pela incapacidade de formar líderes. Faltam líderes ou líderes com a qualidade suficiente para um crescimento sustentável.

Formar substitutos deve ser o objetivo de cada líder dentro de qualquer organização, muito embora a maior parte dos líderes simplesmente não dedique tempo para ações nesse sentido, ignorando o fato de que um bom substituto pode também ser muito saudável para sua carreira pessoal.

Quando um líder assume seu papel de desenvolvedor de líderes, ele pode dar grandes contribuições para a organização, não só pela criação de um ativo intangível de grande valor, o time de líderes da referida organização, mas também pelos melhores resultados que serão atingidos como consequência da ação empreendedora desenvolvida por um melhor time de liderança.

A formação de líderes passa pelo desenvolvimento de ações em diversos planos: no plano dos programas corporativos de formação, no plano das ações de desenvolvimento no âmbito individual (PDIs – Programas de Desenvolvimento Individual) e no plano do trabalho de orientação que cada líder pode e deve realizar no sentido de desenvolver seus subordinados.

Com relação aos dois primeiros planos, o líder tem que ser um viabilizador de recursos a serem disponibilizados e aplicados, promovendo o desenvolvimento. Já o que se refere ao terceiro plano, no que se refere ao terceiro, o papel é o de executor do desenvolvimento pela aplicação de *coaching* no dia a dia do relacionamento líder-liderado.

O desenvolvimento de líderes exige persistência e dedicação.

Durante minha carreira, ministrei centenas de sessões de treinamento de líderes, mantendo-me sempre com a atitude de quem pratica catequese, isto é, se em uma turma de vinte ouvintes, uma "ficha" caísse para apenas um dos ouvintes, isso já era para mim motivo de realização pessoal.

Com criatividade, desenvolvemos programas como leitura comentada, a exemplo do livro *Zapp – o poder da energização*, de William Biham; conversas sobre temas de liderança, tais como visão, comunicação e capacidade de implementação, confiança, motivação, proatividade, empresariamento do cliente e de resultados, programa de participação em um antigo programa chamado Excel, onde aprendemos sobre objetivos, limites, trabalho em grupo etc. e programas de manutenção do clima organizacional via Plano de Ação de Melhoria do Clima, onde os gerentes eram sorteados para apresentar ao VP seu plano feito de forma *bottom-up* com sua equipe.

Uma experiência interessante foi a produção do manual de melhores práticas de liderança, feito de forma participativa, com quatrocentos líderes indicando o que faziam e o que consideravam uma boa prática, e a seleção e inclusão, por votação entre todos os participantes, das dez melhores no manual. No evento de encerramento da produção do manual, as melhores práticas de liderança foram vivenciadas por grupos numa apresentação teatral.

Aí a Morte desempenhou com maestria o seu papel.

Cristine foi uma gerente escolhida para vivenciar o valor "Nossa Gente", e entrou no palco vestida como a morte e coordenando uma equipe de acorrentados. Usava de maneira ostensiva um chicote que ela fazia questão de estalar a cada vez que se dirigia a alguém do seu time. O desempenho teatral foi ótimo e tivemos um excelente exemplo do antilíder.

Seguindo as recomendações pedagógicas, para não ficarmos apenas no reforço do negativo, o super-herói Jidá encerrou a cena expulsando a Cris e libertando os acorrentados. Foi muito legal.

Uma forma de o líder deixar um legado por onde passar é se tornando um desenvolvedor de líderes; esse é um caminho interessante, inexplorado pela maioria dos líderes, não tão difícil de ser seguido e que certamente deixará marcas no futuro das organizações.

Formar líderes, um bom e gratificante desafio.

Liderança e Apneia

Aqueles que mergulham para fazer caça submarina conhecem bem o mergulho em apneia, aquele em que o mergulhador não se utiliza do apoio da garrafa de ar comprimido, mergulhando apenas com seu próprio fôlego.

Embora possa parecer estranho, isso tem tudo a ver com o exercício da liderança.

Todo mergulho se inicia com o mergulhador na superfície, observando o fundo através da máscara, adquirindo uma visão do todo e procurando oportunidades onde as pedras e as tocas possam estar escondendo algum peixe.

Identificada uma oportunidade, ele mergulha e se posiciona à frente da toca, explorando-a para ver se de fato essa oportunidade é real ou fictícia. Passados alguns minutos, faz-se necessária uma decisão: atirar ou voltar à superfície.

O mergulhador que permanece sempre na superfície, o famoso "rolha", não apanhará peixe algum. O mergulhador que se encantar com os detalhes da toca, do peixe ou com as belezas do fundo do mar, também não pegará nenhum peixe e ainda morrerá afogado.

Assim também ocorre com o líder. Se ele não começar pela superfície, observando o trabalho como um todo, não identificará as oportunidades que sempre estarão presentes em qualquer que seja o trabalho. Por outro lado, se ele mergulhar e se apaixonar pelos detalhes das tarefas, passando a ser mais um a executá-las, perderá a visão do todo, não verá outras oportunidades e vai se afogar em seu método de liderança.

Caso o líder permaneça apenas na superfície, não terá uma real dimensão do trabalho, das dificuldades e das oportunidades, sendo mais uma "rolha" no oceano empresarial.

Para evitar o comportamento de "rolha", é interessante relembrarmos a filosofia japonesa *lean*, e seu conceito *gemba*, que pode ser traduzido como "lugar onde as coisas acontecem". Cabe ao líder praticar o *gemba walking*: estar perto e distante de onde a vida real acontece.

Liderar é como mergulhar em apneia. É preciso aprender o bailado do chegar junto e se afastar, conhecer os detalhes e as oportunidades e dar apoio e orientação ao subordinado, mas também dar a ele a oportunidade de ser o realizador das tarefas e de participação na geração dos resultados. Isso fará bem a ele e ao líder.

O pescador se realiza através da captura do peixe e o líder, através da conquista dos resultados por sua equipe. Nós todos nos realizamos através dos resultados que conseguimos alcançar.

No meu caso específico, após alguns anos praticando o mergulho em apneia, fui forçado a suspender essas atividades quando meu filho e meus sobrinhos passaram a me chamar carinhosamente de bunda de rolha. Aí não deu mais para mim.

O Líder e a Agenda Reversa

Este programa foi criado à luz da leitura do livro *Pedagogia do Oprimido*, escrito por Paulo Freire.

Lendo Paulo Freire, é possível entender que existem dois modos passíveis de serem utilizados na comunicação com a equipe: no primeiro modo, o processo é o chamado de educação estilo "bancário", onde o comunicador imagina que a equipe é como uma conta bancária ou um copo em que ele vai depositando as informações que deseja passar à equipe; no segundo modo, ele trata com a equipe de coisas que são do interesse dela, estabelecendo um diálogo sobre temas que a equipe realmente deseja conhecer e debater.

No primeiro modo, o diálogo é mais dificilmente estabelecido e o processo é mais informativo do que comunicativo. Nesse caso, a interiorização do conhecimento se vê prejudicada pela ausência da participação e, muitas vezes, pelo desinteresse do interlocutor no tema que está sendo informado.

Quando partimos para o modo dialógico, a absorção do conhecimento se faz pela participação e, muitas vezes, pelos depoimentos de situações vivenciadas por membros da equipe, sobre o tema escolhido por ela e de interesse de seus participantes. Nesse caso, o compromisso de aprendizado é alavancado pelo interesse e participação, sendo muito maior a retenção desse conhecimento pela equipe.

Com base nas considerações acima, o *Programa Agenda Reversa* nada mais é do que uma agenda de reuniões periódicas, com a equipe de líderes, para tratar de assuntos do interesse desses líderes.

Nessas reuniões, pude observar a carência de informações que geralmente se faz presente dentro da organização sobre temas de grande importância para que ela prospere.

Boa parte das questões levantadas está ligada à visão do futuro. São questões sobre os aspectos de inter-relacionamento entre diferentes áreas, o mercado onde a organização está inserida, a situação dos concorrentes, os planos estratégicos da empresa e, enfim, os aspectos ligados à sustentabilidade do negócio.

Dar à equipe de líderes a oportunidade de se informar sobre temas de seu interesse é de fundamental importância para o alinhamento de todos em relação à causa e visão do lugar em que estamos todos pretendendo chegar.

A Agenda Reversa estimula a participação, o comprometimento, o entendimento e a ancoragem de temas importantes em toda a equipe de líderes.

Posso também afirmar, sobre a qualidade dos assuntos discutidos, que todos eles foram de grande relevância, nada de mesquinharias trazidas, e todos os temas estavam relacionados à empresa, o que nos dá a certeza de que o caminho da confiança na equipe é o caminho a ser seguido.

Para se expor a um programa de agenda reversa, o líder deve estar preparado, mas os benefícios compensam largamente os esforços.

Já se foi o tempo do líder que começava dizendo: "trago aqui uma apresentação para embasar nossa comunicação"; e aí "informava", por uma hora, sem abertura para qualquer participação e, quando o tempo já estava esgotado, vinha com o tradicional: "pessoal, dado o adiantado da hora, espero que estejamos todos entendidos". E todos se iam abatidos para mais um dia de serviço, muitas vezes maçante.

Precisamos abandonar os slides em PowerPoint, que castram e limitam os conteúdos abordados. Ao praticarmos o diálogo, encontramos mais prazer no processo de comunicação.

O Líder, a Coerência e a Razão

A coerência é um dos elementos básicos a serem disponibilizados pelo líder à sua equipe.

A coerência está ligada necessariamente a algum padrão. Sou coerente com estes ou aqueles padrões.

Cada indivíduo adota determinados padrões de comportamento e, com o passar do tempo, dada uma determinada situação, seria possível prever com alguma certeza qual o comportamento que este ou aquele indivíduo passaria a adotar.

Um líder que muda frequentemente e/ou aleatoriamente seus padrões de comportamento não consegue passar uma imagem de estabilidade para a equipe. Nessas circunstâncias, o mais provável é que a insegurança e a desorientação se instalem na equipe.

Além da coerência com certos padrões que definem seu comportamento e suas atitudes, é de suma importância que o líder adote padrões que sejam compatíveis com os típicos valores pessoais e os da organização.

Aspectos como ética, honestidade, educação, respeito, motivação, comprometimento e comunicação baseada no exercício da verdade devem estar contidos nos padrões adotados pelo líder.

Outros aspectos que normalmente compõem o conjunto de valores das organizações longevas, tais como criatividade e inovação, amor às pessoas, amor ao cliente, paixão por resultados e a busca incessante pela excelência, também devem ser adotados pelo líder.

Não basta que os padrões existam, é fundamental que eles orientem os comportamentos e as atitudes.

O discurso e a prática devem caminhar lado a lado. Não se consegue enganar por muito tempo aqueles que estão ao nosso redor. O líder que prega um padrão e age de forma não conforme com ele não desperta confiança e não conseguirá se manter como líder. Uma das armas para o líder solidificar sua posição e conduzir a equipe para um futuro melhor é o exemplo. Discurso descasado do exemplo é discurso vazio; o que o líder fizer vai falar muito mais alto que suas palavras.

A coerência é fator determinante na relação de confiança, e como a liderança só prospera com uma relação de confiança entre líder e liderado, ela passa a ser determinante da aceitação do líder por sua equipe.

Em um mundo onde cada vez mais as pessoas precisam entender suas razões para então se disporem a adotá-lo como líder, ser coerente com seus padrões, valores e princípios torna-se uma condição precedente para que sua liderança seja mantida.

As razões devem ser entendidas e a partir daí as atitudes e os comportamentos devem manter a coerência com os padrões estabelecidos pela razão.

Em uma história que, se não me falha a memória, se passa no asteroide B612, onde um monarca absoluto seria o único habitante, mas que além de ser absoluto também era razoável, ensina-nos Saint-Exupéry: "a autoridade repousa sobre a razão. Se eu ordenasse a um dos meus generais que ele voasse de flor em flor como uma borboleta, e ele não cumprisse minha ordem, quem estaria errado, ele ou eu?".

A resposta é "razoavelmente" óbvia.

O Líder e a Confiança

Cabe ao líder, e não à equipe, a iniciativa no sentido de fazer nascer a confiança entre eles.

Não há como estabelecer uma relação de liderança não alicerçada numa relação de confiança.

Para que o líder adquira o status de confiável, ele precisa ser direto, coerente, visível e previsível, nunca trabalhar com agendas ocultas e dizer sempre a verdade de maneira clara e objetiva.

Um líder que está constantemente mudando de direção, como uma "metralhadora giratória", provavelmente não transmitirá segurança e confiança à sua equipe. Constância e persistência, sem que isso se confunda com teimosia, são ingredientes importantes no desenvolvimento da confiança.

Sem a relação de confiança, as pessoas preferem não se expor, não se arriscar, passando a adotar uma postura burocrática e segura que não leva ao nível de inovação, excelência e competência necessário ao sucesso. Num clima de desconfiança, a postura é a do ditado que meu pai ensinou-me: o seguro morreu de velho, o desconfiado está vivo.

Uma vez fui convidado a fazer o encerramento de uma palestra sobre confiança a um time de líderes. Após os agradecimentos de praxe aos envolvidos, coloquei sobre o palco uma mesa, tirei os sapatos e subi sobre ela, ficando a uns dois metros do nível onde o público que a assistia se encontrava. Chamei alguns líderes que trabalhavam comigo, posicionei-os ao nível do público, pedi que me segurassem e, virando-me de costas, deixei-me cair sobre eles. Eu tinha a confiança de que eles iriam me segurar, e ainda bem que o fizeram.

Assim é a confiança, sem ver, sem palavras, sem medo, ela nos une e nos permite alcançar o futuro.

A quebra de confiança é como a porcelana que se parte, pode até vir a ser colada, mas nunca mais será a mesma. Em outra oportunidade, um colega ensinou-me que seu pai lhe dizia que cada vez que ele fizesse algo de errado, ele pregaria um prego em uma tábua e, depois de pedir desculpas, ele o removeria. Após anos de desculpas concedidas ou negadas, olhando a tábua, ele poderia constatar que jamais ela voltaria a ser como nova. Assim é com nossas relações: evitemos pregar os pregos, pois desculpas não os removem completamente. Quebra de confiança requer tolerância zero.

Em se tratando do desenvolvimento de uma relação de confiança, é interessante entender que os primeiros contatos, os primeiros encontros e as primeiras impressões podem fecundar uma relação de confiança.

O tempo, a credibilidade, a previsibilidade e a legitimidade de princípios, além de cuidados genuínos, no início de uma relação podem levar ao nascimento da confiança.

A confiança nasce.

Igualmente a uma planta, faz-se necessário regá-la com carinho, cuidado, zelo e dedicação para que ela cresça.

A confiança liberta a mente e a ação; ideias e ações levam a todos os resultados.

O líder que confia receberá confiança como forma de pagamento, e logo terá uma floresta de confiança particular, só dele, na qual poderá colher uma infinidade dos melhores resultados.

O Líder e a Crise

Nos momentos mais difíceis, cabe ao líder mostrar sua cara. Não há espaço para o líder só dos bons momentos. A liderança é indelegável.

Assim, mesmo nos momentos terríveis, cabe ao líder a tomada de decisão e o início do processo de cura, lembrando-se de que o tempo, e tudo o que você conseguiu aprender em seu passado, somados ao que você pode ousar em seu futuro serão seus aliados na reconstrução.

A mensagem abaixo, eu enviei aos meus líderes num péssimo momento de nossas vidas. Acabáramos de demitir alguns milhares de integrantes de nossas equipes devido a uma enorme crise de mercado.

"Resgate-se

De quem é a culpa?
O que eu fiz de errado?
O que aconteceu foi justo?
Fizemos a coisa certa?
...

Num momento como este, não sabemos se vale a pena procurar por essas respostas. Talvez elas não existam! Talvez não exista um culpado. Podemos ter feito tudo certo. Ainda que certas ações possam parecer injustas, elas podem ser necessárias na prevenção de um mal maior.

Cada um de nós pode estar em paz consigo mesmo, com a certeza de que fez a coisa certa, e ainda assim nosso sentimento é de tristeza e de inconformismo com nosso dia de ontem, tristes por aqueles que se foram.

Às vezes as coisas parecem não estar sob nosso controle.

O importante, no momento, não é olharmos para o passado, não é esquecermos o passado que nos ensina, mas sim respondermos à pergunta: o que se espera de mim?

Como líderes da Empresa, podemos dizer que o que se espera de nós é que conheçamos os caminhos que nos levam ao futuro! Espera-se também que consigamos mostrar a todos que nos ajudam e nos apoiam quais são esses caminhos. Espera-se que tenhamos discernimento para escolher os caminhos certos. Espera-se que tenhamos coragem para levar a todos por esses caminhos. Espera-se que reconheçamos cada um que nos ajude. Espera-se que tenhamos amor e carinho por todos aqueles que estão à nossa volta e que valorizemos cada passo, cada pequeno avanço nos caminhos que teremos que trilhar.

De todos aqueles que permaneceram, de forma geral e não só dos lideres, espera-se que mantenhamos o compromisso com nosso trabalho, que possamos usar nossa inteligência para ousarmos fazer mais e melhor, que continuemos a buscar a excelência, que continuemos a satisfazer as necessidades de nossos clientes, agora ainda com maior afinco, e que respeitemo-nos uns aos outros ainda mais.

É fundamental o entendimento de todos de que teremos que fazer o que fazíamos, mais o trabalho que era feito por quem se foi, mas que atentemos para aquilo que agrega valor. O que for considerado desnecessário, não deve ser feito. Teremos que priorizar o relevante sobre o importante e sobre o desnecessário.

Não podemos deixar de entregar nossos aviões e suas peças de reposição, sob pena de não termos futuro. Não nos afastemos de nossa missão de servir aos clientes.

Muito já fizemos; orgulhemo-nos de nossa Empresa. No sucesso ou nas dificuldades, ela projeta o nome do Brasil no mundo. Nós construímos tudo nesta empresa. Não vai adiantar esperar que outros nos digam o que fazer. Não existem outros.

Nossa retidão moral nos dá a certeza de que temos força para mais esta travessia.

Sairemos com novos clientes, que serão centenas, com novos produtos, com mais conhecimento e experiência e com mais garra e determinação.

Pergunte-se o que você pode fazer por si mesmo, o que pode fazer pelos que precisam de você; ao obter a resposta, faça.

Resgate-se, nós precisamos de você para a construção do futuro.
A tristeza de hoje não pode atrapalhar a necessária alegria de amanhã."

Hoje, escrevendo este conto, não só concluo que conseguimos nos resgatar naqueles momentos difíceis, mas também que conseguimos resgatar a empresa, mantendo-a equilibrada, o que permitiu a retomada do crescimento e a recontratação assim que o mercado começou a melhorar.

O Líder e a Diversidade

Já devo ter falado muitas vezes que a diversidade enriquece e, por isso, tem que ser aceita e respeitada.

Fazer mais do mesmo vai dar sempre naquilo que você já tem. Se for sucesso, talvez dure um pouco mais, até que o universo mude; se nessa situação você insistir no mesmo, o sucesso vai acabar. Sucesso no passado não garante o sucesso no futuro. E se o seu caso for o de um resultado apenas razoável, insistir no mesmo o afastará do sucesso. A necessidade da mudança é a única certeza, e mudança requer diversidade.

Nem sempre é fácil ao líder aceitar a diversidade. O mundo está povoado por muitos que pensam ser todo-poderosos e sapientes; para estes, a diversidade significa conviver com outros seres inferiores, e assim ele os trata, e assim eles perdem grandes oportunidades.

Em todas as equipes, pensar tem que ser uma responsabilidade de todos e temos que estabelecer processos que nos permitam capturar as boas ideias de todo o time, de tal forma que possamos construir a cultura da mudança e da inovação. A diversidade gera a diferença no pensar e a riqueza na solução. Cabe ao líder saber ouvir a diversidade.

Quando fui liderar uma equipe em Salvador, na Bahia, a visão que existia era a de certa falta de pressa dos baianos em fazer as coisas acontecerem e em entregar resultados. Foi para mim muito fácil mudar essa percepção, pois os integrantes de minha equipe, com grande senso de compromisso para com a empresa, sempre trabalharam muito e muito bem.

Essa fase de minha vida me faz relembrar o que significa diversidade. Diversidade é estar jogando bola na praia enquanto espera pelo trabalho que se materializa na presença dos turistas: "doutor, eu estou aqui trabalhando, num sabe". Diversidade é buscar na natureza o mínimo para a subsistência, o coco, o caranguejo e o polvo no recife em maré baixa; diversidade é servir sarapatel na garagem transformada em restaurante, e sarapatel dos melhores; diversidade é criar novos ritmos, novos balanços e novos sons na guitarra baiana; diversidade é viver com a simplicidade do deixar o outro também viver. Viver no simples.

E é aí que entra uma história de diversidade na indústria. Estávamos todos em um dia normal de trabalho na fábrica, quando começamos a ouvir um galo cantar.

Acontece que o galo não cantava em algum quintal vizinho ou em algum outro terreiro, ele cantava dentro da fábrica. Era um galo operário.

E canta uma vez, duas e três, e o galo foi localizado. Estava amarrado pelo pé atrás de um torno de comando numérico e com uma canequinha de água a seu dispor.

Não era um galo qualquer, era alto, forte, de pescoço depenado e avermelhado pelo sol e de esporas afiadas como agulhas. Era um galo de briga.

Perguntado, o torneiro respondeu com toda a sinceridade e simplicidade: "o galo é meu. Como ao término do expediente eu vou levá-lo à rinha de brigas, e como não daria tempo para passar em casa para pegá-lo, eu o trouxe para o trabalho". Só me restou desejar-lhe boa sorte e que o galo dele fosse um vencedor, respeitando a diversidade de cultura ali instalada. Assim é a diversidade.

Cabe ao líder desenvolver novas formas de perceber o outro; isso o leva a novas formas de pensar, que muda o jeito de fazer, o modo de agir e o resultado obtido.

Todos nós sabemos que mais e mais é preciso aprender a aceitar o outro como o ser único que ele é e, mesmo assim, muitas vezes a diversidade dói; mas ela tem que ser aceita e respeitada. Isso pode nos levar a resultados diferentes e melhores, tão grandes quanto um mundo mais tolerante, mais humano e também melhor.

O Líder e a *Golden Banana*

Há muitos anos, lá pelos idos de 1985 ou 1986, eu li um artigo denominado *How the Best Run Companies Turn So So Performers into Big Winners*[1] que foi para mim um momento de *breakthrough* em termos de motivação e reconhecimento.

Em um de seus trechos, o artigo tratava de uma empresa que estava com um problema o qual desafiava os técnicos no que se referia a uma solução viável para uma dificuldade. Um dia, o presidente da empresa estando em sua sala, um técnico entrou com uma ideia que realmente encerrava a questão. O líder, em um momento de euforia, procurando algo para dar ao técnico como reconhecimento imediato, encontrou em sua gaveta uma banana que tinha levado para o lanche. Ele pegou a banana e a entregou ao técnico.

É interessante dizer que eles estavam no hemisfério norte, e lá, em alguns lugares, bananas são vendidas unidade por unidade. No Brasil, dar uma banana para alguém já teve por muitos anos um sentido pejorativo, dado o desprestígio das bananas brasileiras.

Esse evento acabou gerando uma forma interessante de reconhecimento máximo para resultados inovadores e criativos na empresa. Foi a partir dali criado um *pin* em ouro e na forma de uma banana que era entregue aos campeões de inovação e criatividade. Aí nasceu a chamada *Golden Banana*.

Se meditarmos sobre o assunto, veremos que o reconhecimento tempestivo do líder nos ensina algo sobre liderança.

Primeiro, sobre a importância do reconhecimento como instrumento de valorização das pessoas e ferramenta de manutenção da motivação.

---

[1] How the best-run companies turn so-so performers into big winners, de Thomas J. Peters e Robert H. Waterman Jr.

Indo além, podemos aprender que o reconhecimento deve se suceder ao resultado alcançado, ser o mais imediato possível e deve ser feito pessoalmente pelo líder; nesse caso, o líder não tem preposto.

Lembre-se de Maslow e de sua hierarquia de necessidades: todos queremos ser aceitos e reconhecidos pelo grupo onde vivemos, como uma forma de satisfação de um dos nossos tipos de necessidade.

Se juntarmos o que já foi dito sobre o reconhecimento, com pesquisas realizadas sobre o tema, iremos concluir que o reconhecimento precisa ser feito de forma diferente, dependendo da situação e do indivíduo que vai ser reconhecido. Estudos mostram que o reconhecimento na forma monetária é mais eficaz para estimular os indivíduos quando estes desenvolvem atividades físicas e repetitivas; maior quantia pode significar um resultado maior. Já quando se trata de trabalhos intelectuais, o reconhecimento monetário nem sempre estimula mais os indivíduos. Nesses casos, mais liberdade para criar, mais exposição das ideias e do individuo e uma causa dão um resultado muito maior como ferramentas de manutenção da motivação.

Outro ponto relevante, quando se trata de reconhecimento, é que o prêmio não pode ser um grande prêmio. Quando instituímos um grande prêmio ligado ao reconhecimento, as pessoas passam a se preocupar mais com o prêmio do que com sua realização através do trabalho. E isso vai em sentido oposto àquele que queremos no que se refere a como as pessoas se sentem no trabalho e em relação a ele.

Em nossa empresa, temos algumas formas de reconhecer as pessoas que produzem um grande resultado.

Uma delas é a possibilidade de um convite, extensivo a um acompanhante, para uma viagem a São Paulo, com direito a assistir a uma peça teatral e um jantar em uma churrascaria. Isso é feito geralmente como forma de reconhecimento e celebração de resultados do *Programa Boa Ideia*, que é um programa de sugestões dos empregados. Aplicado ao grupo de participantes do *Programa Boa Ideia*, além de funcionar para manter a motivação, ainda aumenta a integração entre os grupos.

Outra forma de reconhecimento, como não poderia deixar de ser, é a possibilidade de uma viagem em um de nossos aviões, com um acompanhante, a algumas cidades do Brasil servidas pelos EMB 190 da Azul ou da Trip Linhas Aéreas.

Voar em um planador, outra forma de reconhecimento, também enche de satisfação os reconhecidos.

Nada do que foi acima exposto tem valor sem a presença do líder. Uma palavra em público, um abraço ou uma atenção especial tem a força de uma bomba atômica motivacional.

Reconheça e celebre seus heróis, e não espere pelas grandes conquistas para reconhecê-los. Nossas equipes, em sua grande maioria, são compostas por pessoas normais, os tais *so-so performers*, que temos a obrigação de transformar em *big winners*. O reconhecimento continuado pelo líder provoca esse milagre.[2]

---

[2] Peter, Thomas J.; Waterman Jr., Robert H. How the best-run companies turn so-so performers into big winners. Management Review, vol. 71, nov./dez., 1982.

O Líder e a Tristeza

Certa vez eu conheci um líder triste.

Era um líder com uma mente brilhante que queria o melhor para a empresa, para os empregados e para os clientes e acionistas.

É verdade que ele não amava lidar com pessoas, e isso o impedia de se tornar um grande líder.

Acontece que esse líder, talvez por sua mente brilhante, tinha dificuldades em lidar com resultados e pessoas normais e ficava evidentemente e acintosamente frustrado quando algo não ia bem.

Nessas situações, sua expressão facial deixava transparecer uma profunda tristeza decorrente da decepção por um resultado ou alguém.

Era uma tristeza de pierrô apaixonado e não correspondido. Seu moral se abatia, ele tinha dúvidas existenciais sobre sua capacidade de desenvolver o negócio, se fechava e entristecia.

Acontece que tristeza não pode fazer parte da caixa de ferramentas do líder.

O líder pode ficar bravo, pode espernear, pode até endoidecer e sair mordendo por aí, mas não pode ficar triste.

A equipe precisa de ação, entusiasmo e alegria.

Problemas acontecem na vida real e estamos aqui para resolvê-los. Nunca podemos aceitar resultados ou pessoas medíocres; isso exige ação, seja ela de que natureza for. Aceitar a mediocridade é passar a fazer parte dela, e isso não é papel de líder, e não é ficando triste que iremos combatê-la.

Todos em nossa equipe nos olham continuamente e nos conhecem profundamente. Não há como nos escondermos dos integrantes de nossas equipes.

O que eles querem e esperam de nós é que estejamos felizes e cheios de energia, determinação, otimismo e vontade de empreender um futuro melhor. Eles sabem que, se isso acontecer, será muito bom para todos.

Ser feliz é fundamental. Não a felicidade fugaz de um arlequim volúvel, mas sim a felicidade sustentada pelo fazer o certo e o melhor sempre, pela sabedoria que aplica o conhecimento, pela motivação e pela força que constrói os resultados que nos enchem de orgulho e que irão abrilhantar o futuro.

Se você tiver qualquer oportunidade hoje, sorria para alguém. Tenho quase certeza de que ele vai retribuir da mesma forma.

Os integrantes de sua equipe definham com a sua tristeza.

Os integrantes de sua equipe se fortalecem com o seu sorriso; eles estão sempre esperando por ele.

O Líder e o Amor

Todo líder tem que gostar de gente. Melhor ainda quando o líder ama trabalhar com pessoas.

Quem é bom, ajuda quando está por perto, quem ama, está sempre perto para ajudar. Esse é o raciocínio que está por trás do líder servidor: ele ama sua equipe.

É extremamente difícil para quem não tem facilidade em lidar com gente assumir uma posição de liderança. Se isso ocorre, muito frequentemente esse "líder" vive em constante estado de tensão, pois é impossível ao líder não estar constantemente se relacionado com sua equipe, seus pares, superiores e clientes. Esse constante envolvimento com outros indivíduos ou grupos pode levar o "líder" a se estressar e a se tornar infeliz. Nesse caso, seria melhor mudar do que sofrer.

Em meus treinamentos de líderes, frequentemente a questão de amar a equipe vinha à tona, e muitas vezes eu lancei mão da poesia como meio de estressar o assunto. Algumas vezes usei um trecho de *Juca Mulato*, poema escrito por Menotti Del Picchia, para me ajudar nessa questão do amor.

Era assim: "Fechar ao mal de amor uma alma adormecida, é dormir sem sonhar, é viver sem ter vida. Ter ao mal de amor o coração sujeito é o mesmo que cravar uma faca no peito. Esta vida é um punhal com dois gumes fatais, não amar é sofrer, amar é sofrer mais".

Quando surgia essa questão e o *Juca Mulato* aparecia, eu me permitia uma pequena adaptação no poema para encerrar dizendo que, em se tratando do amor do líder, "amar é sofrer, não amar é sofrer mais".

Amar a equipe é sofrer com e por ela em momentos muito difíceis aos quais todos nós estamos sujeitos no exercício da liderança. Mas é preciso que não nos esqueçamos de que muitos momentos de realização e felicidade também certamente estarão povoando nossos dias.

Não amar a equipe é sofrer sem remédio sofrer sem remédio, sofrer consigo mesmo, um sentimento constante de deslocamento e de se estar fazendo algo para o qual nunca nos sentimos preparados ou realizados ao fazer. E aí não existem momentos de descontração e felicidade. Indubitavelmente, é sofrer mais.

Para o líder, é amar a equipe ou amar a equipe. Se esse não for o caso, faz-se necessário ter coragem e ir buscar outro lugar para ser feliz.

E o que é o melhor dessa história, esse lugar existe.

O Líder e o Bebê

Qualidade de vida cada vez mais faz parte da agenda de todos os participantes de todas as organizações.

Existimos para sermos felizes, e a qualidade de vida é um fator importante para nossa felicidade.

Qualidade de vida tem que ser entendida como um todo, como um conjunto bastante amplo de fatores que compõe os contornos do onde, com quem, por que e como vivemos.

Cada ser humano é completo e a felicidade tem que contemplar o todo e não apenas um pedaço de nós. Não dá para dissociarmos nosso ser profissional do ser familiar e do ser social que somos, é preciso buscar o equilíbrio entre nossas partes para que possamos encontrar a felicidade.

Muitas vezes nos iludimos ao pensar que o eu profissional está atrapalhando ou impedindo que o nosso eu total seja feliz, e aí ficamos estressados em nosso ambiente de trabalho. Esta é uma situação conjuntural, pois deve existir algum outro lugar, algum outro trabalho ou alguma outra organização onde você vai ser feliz. É uma questão de coragem para enfrentar e implementar as mudanças necessárias. O certo é que sem o eu profissional, o eu familiar e o eu social muitas vezes perecem.

Um dos grandes segredos de minha felicidade se resume simplesmente em eu me posicionar cem por cento onde fisicamente estou. Eu vivo intensamente cada oportunidade: no trabalho sou só paixão pelo que faço; nas festas muitas vezes o pessoal pensa até que eu bebi, dada a minha alegria, mas sou abstêmio; e em casa, e eu nunca levo trabalho para casa, eu me dedico cem por cento a ter um tempo de qualidade, que nem sempre é longo, mas tem que ser de qualidade. Todos percebem quando o corpo e a mente não estão colocalizados, e isso diminui aqueles que não estão recebendo toda nossa atenção.

Nosso ser social quer se sentir inserido no ambiente em que convivemos; todos queremos ser aceitos e reconhecidos pelo grupo social a que pertencemos, daí a grande importância do trabalho de inclusão a ser desenvolvido pelo líder no que se refere aos integrantes de sua equipe. Todos queremos ser bons, heróis, úteis e reconhecidos por tudo o que fazemos. Excluídos não seremos felizes.

Mas e o bebê?

Esta história também ocorreu ao vivenciarmos qualidade de vida num trabalho sobre boas práticas de liderança, onde um grupo de teatro formado por integrantes de minha equipe ia se apresentar ao conjunto de líderes de nossa organização.

Acontece que eles me convidaram para ser o bebê da família, pois as cenas começavam com a qualidade de vida em casa e terminavam com a qualidade de vida no trabalho.

Aceitei o desafio, liguei para casa para que minha esposa arrumasse um lençol para ser a minha fralda, um alfinete de fraldas, uma mamadeira, uma chupeta e um velocípede; isso me permitiria compor o personagem. Curiosamente, o mais difícil de localizar foi o alfinete, pois com o advento das fraldas descartáveis, este é um item obsoleto.

No dia da peça, minha mãe era uma líder da área de suprimentos e o toque hilário que ela improvisou foi que ao sair para o trabalho, após um café da manhã de qualidade em casa, como eu estava andando de velocípede no palco, ela se aproximou de mim, deu-me um beijinho de despedida para o trabalho, apertou minha bochecha e disse, para as risadas da plateia: "se você ficar bem bonzinho, quando crescer vai virar VP da Embraer". Essa cena ficou marcada na memória de todos por alguns anos.

No evento mencionado acima, estavam sendo exploradas algumas práticas da liderança que podem ajudar na melhoria da qualidade de vida de sua equipe; elas eram:

- Converse com sua equipe sobre quais fatores influem na qualidade de vida em equipe e os promova.
- Sempre explique as mudanças corporativas que podem interferir na sua equipe.

- Distribua as atividades de forma equânime, sempre buscando o crescimento de todos os integrantes da equipe.
- Não exija trabalhos extras de forma desnecessária.
- Promova a prática de valores e a convivência baseada em princípios.
- Delegue, acompanhe e dê as orientações necessárias.
- Promova o trabalho em equipe.
- Garanta um ambiente de trabalho agradável.
- Assegure a disponibilidade dos recursos necessários para que os integrantes desenvolvam adequadamente o trabalho.
- Cuide da manutenção da confiança.
- Pratique atividades e crie eventos de confraternização e integração, estimulando a saúde física e mental.
- Irradie energia e felicidade.

É isso e tudo o mais que o líder possa criar com sua capacidade inovadora; fácil, não é verdade?

Para terminar, eu endereço Almir Sater e Renato Teixeira, com sua incrível veia poética nos dizendo: "Cada um de nós compõe a sua história / Cada ser em si / Carrega o dom de ser capaz / E ser feliz".

Quando a questão é felicidade, ser ou não ser não é a questão. Não existe múltipla escolha.

O Líder e o Capitão

Esta é uma história que li anos atrás e que de vez em quando uso no desenvolvimento de líderes.

Ela começa com a pergunta: quem conhece o capitão Natário da Fonseca? Você o conhece?

O Capitão teve algo a me ensinar sobre liderança.

Sua frase que se traduziu neste ensinamento foi: "quem conquista mando e autoridade, adquire responsabilidades e tem que responder por elas".

Nada mais adequado para orientar as atitudes de um líder. O líder conquistou essa posição pela **aceitação** de sua liderança pela equipe, e, junto com a posição, normalmente também é conquistada certa autoridade. Através de sua visão, ele orienta os caminhos para o futuro e tem algum poder de mando, mas somente se manterá na liderança aquele que assumir todas as responsabilidades inerentes à posição conquistada.

Essas responsabilidades se iniciam no processo de decisão sobre uma contratação e se estendem por inclusão das pessoas na equipe, pelo desenvolvimento da equipe, por servir à equipe, por inspirar através da causa e da visão do futuro, pelo reconhecimento dos resultados e pela celebração e agradecimento por eles terem sido atingidos.

Sobre os resultados, sejam bons ou ruins, o líder tem pessoalmente toda a responsabilidade e deve responder por eles, sempre informando e partilhando-os com a equipe.

Aí é que entra novamente o Capitão.

No livro onde li essa história, o Capitão resistia ao último cerco a um povoado, por forças que queriam destruí-lo, restando apenas ele e uma anciã na resistência. A anciã, dirigindo-se a ele, falou: "Capitão, fuja! Eu estou velha e não tenho como fugir; eu permaneço na resistência", ao que o Capitão respondeu como o líder: "quem conquista mando e autoridade, adquire responsabilidades e tem que responder por elas".

Eles dois não suportaram o último ataque.

Como também não resistiu minha pergunta, – quem foi Capitão Natário da Fonseca? –, quando um de meus líderes, durante o treinamento, fez um acesso rápido ao Sr. Google que veio com a resposta: Capitão Natário da Fonseca, personagem do livro *Tocaia Grande*, escrito por Jorge Amado.

O Líder e o Crescimento Deles

Todos estamos aqui para crescer.

Qual é o sujeito dessa ação?
O sujeito está oculto, mas certamente, às escondidas, quer crescer.
Poderia ser eu o sujeito?
Sendo eu o sujeito, seria este que aqui vos fala, e tenham certeza, eu estou aqui para crescer.
Poderia o acaso fazer de tu o sujeito?
"Se tu falaste comigo, posso te assegurar que vim da Bahia para crescer, um dia vou ver mãinha e ter orgulho em dizer que sou grande".
E ele, poderia ser ele o sujeito?

Ele? Sendo ele o sujeito, eu, ainda que nem sequer esteja incluído, podem acreditar, vou crescer junto com ele.

Nós sendo o sujeito, o que significaria?

Nós, sujeito coletivo que todos inclui, de fato sujeito gramático, correto, inquestionavelmente nos unindo a todos nos caminhos do crescimento, inclusive nós.

E sendo o vós o sujeito?

De fato, ouvi uma vez falar de uma Voz, Profética, que ensinava os caminhos, e todos eles eram de crescimento, nunca de retrocesso e de desesperança. Crescei. Eu estou me incluindo nesta.

E se pensarmos que eles sejam o sujeito?

Então, podemos garantir, o crescimento deles depende de você; eles o olham com o olhar ansioso de quem espera alguma chance, de quem acredita que ela virá, e que virá pelas suas mãos. Mãos de líder.

Esse jogral foi por mim criado e apresentado por um grupo de líderes em um *workshop* de melhores práticas de liderança, tratando do fundamento desenvolvimento das equipes como responsabilidade do líder.

O toque baiano no texto ficou por conta da Silvana, baiana de Salvador e que interpretou com maestria o "mãinha".

Todos estamos aqui para crescer.

O Líder e o Dia dos Professores

Palavras de Reconhecimento na Celebração do Dia dos Professores

"**Instrutor interno**: professor, educador, líder, formador de opinião...

Já se foram anos desde que pela primeira vez eu lancei o programa *Santo de Casa Também Faz Milagres*. Conceito simples e de valor inestimável.

Todos os que fazem algum trabalho sempre têm algo a ensinar a outros colegas que tenham interesse em aprender. Assim, multiplica-se o conhecimento tácito, explícito ou específico existente dentro de nossa organização.

Hoje, ao me dirigir aos nossos colaboradores neste programa de treinamento baseado em 'Instrutores Internos', quero confirmar meu sentimento de quão acertado é aquele conceito.

Muito mais do que um instrutor interno, você que se entregou a esta tarefa de ajudar o outro, assume papéis de grande relevância dentro da Embraer:

Papel de Professor, onde você, não como aquele que deposita conhecimento na mente do aluno da mesma forma como alguém enche uma jarra, pode estimular o outro a pensar, entender, conectar conceitos, deduzir, sintetizar e concluir. Dessa forma, em vez de papagaios, podemos passar a contar com pensadores.

Papel de Educador, aqui você pode transferir valores, princípios e cultura que irão modelar os comportamentos e as atitudes, tornando os outros seres humanos cada vez melhores.

Papel de Líder, o que é liderar senão conduzir um grupo a uma ação, por um caminho ou direção? Instruir é passar uma visão, é comunicar, é ancorar pensamentos e conceitos, é liderar o grupo pela estrada do saber.

Papel de Formador de Opinião, cada um com quem você divide seu conhecimento jamais será o mesmo; a cultura impregna, transforma de maneira indelével.

A sabedoria dividida se multiplica; esse é o milagre praticado por aqueles que se dão o tempo de ensinar.

A você, caro colega, eu poderia dizer muito mais, mas ainda assim não conseguiria expressar minha gratidão.

Vamos, portanto, ao mais simples: meu muitíssimo obrigado em meu nome e em nome de todos aqueles que vocês fizeram melhores."

O Líder e o Filósofo

Gerar resultados, repartir os méritos, reconhecer a equipe, comemorar cada pequena vitória e agradecer pelo realizado. Boas razões para escrever um texto como o que segue.

"Caro gestor,
Estamos chegando ao fim de mais um ano de grandes desafios e realizações maiores ainda em nossa vice-presidência.

Durante este ano tive a oportunidade de confirmar minha crença de que a liderança faz toda a diferença do mundo.

Geramos resultados fantásticos, tais como: mais de 5.000 ideias implantadas em nosso programa de participação dos integrantes de nossas equipes, mais de oitenta por cento de aprovação em nossa pesquisa de clima organizacional, concluímos todos os produtos a serem entregues no ano, reduzimos, como planejado, os custos da não qualidade, realizamos mais de mil *kaizens* melhorando nossos processos internos e avançando em nossa jornada *lean*, cuidamos das pessoas e elas cuidaram de nossos produtos, celebramos nossos mais de trezentos instrutores internos, tão importantes para a concretização de nosso plano de treinamento, sendo isso apenas parte de tudo que foi feito.

Nossa equipe tem trabalhado unida e se destaca pelas práticas de liderança.

O desafio de, num curtíssimo prazo de uma semana, produzir documento *Temas da Liderança*, que se junta ao documento *As Melhores Práticas de Liderança*, de 2009, na composição de um legado desta equipe de líderes, foi aceito com a tranquilidade e a ousadia daqueles que são, sabem e fazem a liderança.

Algumas frases incríveis foram introduzidas nos *Temas da Liderança*, como a colocação de que "o grande objetivo da liderança é buscar a simbiose entre a produção de resultados e o bem-estar e contínuo crescimento intelectual e profissional da equipe". São em coisas assim que se traduzem as maravilhas do exercício da liderança.

Apenas para não perder a oportunidade de reviver um momento de brilho e lucidez vivido em um de nossos eventos, tomo a liberdade de parafrasear Mario Sergio Cortella, o nosso filósofo inspirador de 2010, terminando a primeira parte desta mensagem com as cinco maiores responsabilidades do líder:

- abrir a mente;
- elevar a equipe;
- inovar sua obra;
- recrear o espírito;
- empreender o futuro.

A segunda parte desta mensagem é para agradecer pelo seu trabalho, pela sua dedicação, pelo seu compromisso com sua equipe, pelos resultados que sua equipe foi capaz de gerar e pelo futuro melhor que você está ajudando a construir.

Você fez a diferença em 2010."

Só como curiosidade, essas cinco grandes responsabilidades dos líderes viraram uma espécie de pergunta "de prova" entre nós. Em nossa vice-presidência, de vez em quando se perguntava: quais mesmo são as maiores responsabilidades do líder? E lá vinham, num exercício de memória no grupo, abrir a mente, elevar a equipe, inovar sua obra, recrear o espírito e empreender o futuro. E cada palavra, cada detalhe nesta resposta é importante.

O Líder e o *Motivator*

Esta é outra história antiga e famosa em nossa empresa.

Nos idos de 1996, eu fui convocado a ser o VP de Serviços e a colocar de pé uma área que tinha sido desmantelada pela devastadora crise de 1990 no mercado da aviação.

Tivemos que reconstruir toda a equipe, os processos, redesenvolver a relação com os clientes e reposicionar nossos serviços no mercado.

Em um cenário como esse, manter a equipe motivada não foi difícil, pois estávamos de volta ao crescimento e à entrega de resultados, o que sempre ajuda com o moral de todos.

A motivação, como sabemos, é algo que vem de dentro das pessoas, é a força pessoal que faz com que se movam na direção dos resultados e das realizações.

O conhecimento é a base que, se usada com discernimento, pode trazer excelentes resultados; mas o que de fato determina aquilo que será feito é a motivação. Sem a motivação, o conhecimento não serve para nada.

Sendo a motivação algo interno a cada um de nós, não podemos dizer que vamos motivar alguém. O máximo que podemos fazer é ajudá-lo a se manter motivado. Além disso, o que motiva Ipsis não motiva Literis e vice-versa.

Entendendo essa situação, o líder torna-se um facilitador do processo motivacional, seja por viabilizar as condições básicas para o trabalho, pela inserção dos integrantes na equipe, pelo estímulo através do reconhecimento e por proporcionar desenvolvimento a todos permitindo que se sintam bem e realizados no ambiente em que vivem e com seu crescimento e realização.

Motivar alguém é impossível, pois isso depende fundamentalmente de cada um. Já para que alguém perca a motivação, pelo menos por algum tempo, é muito fácil. Basta uma ação inadequada do líder, e a desmotivação já começa a se instalar. A falta de atenção, o abandono, a desconsideração, a indisponibilidade para ouvir, uma palavra de desestímulo, um resultado ruim que não se consegue reverter, uma ferramenta inadequada que não permite um bom trabalho, uma ameaça que gera insegurança e a estagnação geralmente são alguns dos inimigos da motivação.

O líder que pretende ter uma equipe motivada tem que zelar pelos meios, cuidar dos detalhes, gerar desenvolvimento continuado, permitir crescimento, priorizar o bom relacionamento, o agradecimento, o reconhecimento, a delegação, a celebração e entregar bons resultados. Os resultados são consequência da excelência dos meios.

A história do *Motivator* teve início em Dallas, no Texas.

Além de trabalhar na indústria, assim que eu tive condições, comprei uma fazenda. Criava gado e estava procurando uma máquina de castrar bezerros para usá-la na fazenda. Em uma viagem a Dallas com um colega de fábrica, como o Texas é conhecido como a terra de criadores de gado, tentei encontrar a tal máquina, mas não consegui.

Passados alguns meses, encontrei e comprei a máquina em São Paulo e decidi trazê-la para a fábrica para mostrar ao meu colega.

Acontece que, coincidentemente, eu tinha uma reunião com minha recém-instalada liderança da área de Serviços ao Cliente e decidi fazer uma brincadeira com eles.

Antes de iniciar a reunião, coloquei a caixa do *Motivator* atrás de minha cadeira, e durante a reunião, onde estávamos quatro líderes brasileiros e dois norte-americanos, no momento propício, apresentei-lhes o *Motivator*; "*I would like to introduce you the most effective motivation tool I have ever seen. Each time a take this tool to the farm and I show it to the catle, all the bulls start moving incredibly fast*". Dito isso, peguei a máquina, que se assemelha a um grande alicate, e comecei a abri-la e fechá-la sobre a mesa.

Foi uma enorme surpresa para todos, e os americanos devem ter pensado: este cara é meio louco. Devo dizer que eles talvez nem estivessem tão errados.

O que o líder sente deixa marcas nos liderados; sendo assim, o líder não pode se deixar abater em qualquer circunstância porque sua situação irá afetar a equipe.

Quando o líder sentir que a motivação lhe foge, deveria lembrar-se do *Motivator* e repensar a questão.

E, engatando uma história na outra, já que estamos contando histórias sobre motivação, lá vai aquela que eu passei a chamar de "O Líder e a Gafe".

Eu tratava de motivação em uma palestra para meu time de líderes nos EUA.

Falava que motivação é coisa que vem de dentro de cada um.

Falava da velha Escala de Maslow das necessidades, que serve para orientar os líderes no processo de manutenção de condições favoráveis para que a motivação permaneça em sua equipe.

Falava que é difícil manter a motivação, mas que é muito fácil prejudicar o processo motivacional de cada um.

Falava que o que motiva fulano não motiva beltrano, e que cada um é único em sua motivação.

Falava que o líder não dispõe de ferramentas que garantam a motivação, mas que uma grande porcentagem das ferramentas da desmotivação está nas mãos dos líderes.

Falava que sua motivação vai determinar aquilo que você vai fazer.

Como vocês podem concluir, eu falava demais. E como dizem os ditados, o peixe morre pela boca e em boca fechada não entra mosquito, foi então que eu morri pela boca.

Tentando explicar que ninguém tem uma varinha mágica para tocar nas pessoas e torná-las pessoas motivadas, lancei mão do conceito, que funciona perfeitamente em português, de chamar a tal varinha de varinha de condão, o que traduzido para o inglês, é lógico, adjetivo antes do substantivo, resulta em *condon stick* como um instrumento mágico de motivação.

"Êta gafe arretada!", exclamaria qualquer baiano.

Alguns olhos arregalados da plateia feminina, e depois de muitas gargalhadas, aprendi que varinha de condão se traduz por *wand*.

Condon stick já quer dizer outra coisa que, convenhamos, também pode criar condições de alta motivação.

Gafes à parte, manter alto o nível de motivação da equipe é sim responsabilidade do líder. Ele deve agir para que sua equipe tenha bons motivos para a ação.

Motivo mais ação, motivação.

O Líder e o Talento

Certa vez, já como líder, fui convidado a falar para outros líderes sobre o tema talentos.

Eu não sou um admirador da questão de tratar pessoas como talentos, a não ser que elas e seus colegas de organização, nunca fiquem sabendo disso.

O talento que sabe que assim é considerado, muitas vezes perde o rumo enterrado em sua própria vaidade, coisa de ser humano, e enfia seu talento nariz adentro.

Os outros, os não talentos, sentem-se diminuídos e inferiorizados e muitas vezes largam a carga, deixando a peteca cair. Quem sofre são os resultados entregues aos clientes e acionistas.

Posto isso, os talentos são seres ocultos na organização e só podem ser revelados quando a oportunidade de eles mostrarem ao que vieram já tiver se materializado; aí sim, nós vamos ter certeza, de fato, do ser ou não ser.

Já vi talentos saírem da empresa apenas porque a oportunidade estava demorando. Se eles não soubessem que eram tão "talentos", talvez tivessem sido mais "pacientes" e hoje estariam promovidos e trazendo, ou não, grandes resultados para a empresa.

O sentimento de inclusão de uns poucos não compensa o sentimento de rejeição e inferioridade de muitos. Fato divulgado, resultados menores.

Naquela oportunidade, ao falar aos líderes, preparei uma apresentação onde em vez de tratar de talento eu tratei de "*tá* lento", fiz um diagnóstico do nosso cenário e terminei pela conclusão de que nossa atuação como líderes não estava sendo capaz de imprimir na empresa o ritmo necessário para sua sustentação. De fato, as coisas não andavam e a crise seria inevitável, a não ser que uma transformação importante ocorresse.

Até hoje, tem gente que não entendeu nada da minha apresentação sobre talentos.

Coitados, que pena.

Abrir os olhos, os ouvidos e a mente fazem parte do papel do líder. Aquele que não vê, não ouve ou não muda, não serve para a liderança.

Nesse caso, não existe talento que aguente.

O Líder e os Santos de Casa

Desenvolver a equipe é preciso.

Independentemente das condições em que o líder e a equipe estejam inseridos, o desenvolvimento da equipe tem que continuar, e é responsabilidade do líder.

Em tempos difíceis, um dos pontos de corte do orçamento geralmente é a verba destinada ao treinamento. Isso de fato ocorreu em algumas de nossas travessias como empresa e como líder. Por mais de uma vez, tive que reverter esse quadro, com criatividade e com a crença de que a motivação da equipe depende de nossa capacidade de viabilizar seu desenvolvimento.

Os resultados obtidos por uma equipe motivada justificam qualquer esforço do líder para garantir as condições para que essa motivação esteja sempre presente, sejam os tempos difíceis ou não.

Em um dos períodos em que uma das empresas para a qual eu trabalhava estava tecnicamente quebrada, a única forma de manter o desenvolvimento de minhas equipes foi através de um programa de multiplicação do conhecimento entre os integrantes da empresa.

Criei, naquela oportunidade, um programa que chamei de *Santo de Casa Também Faz Milagres*, o qual consistia em um processo de cadastrar integrantes da empresa que quisessem partilhar seu conhecimento com colegas de trabalho; após um treinamento sobre como dar aulas, passaram a multiplicar aquilo que sabiam.

Esse programa não só nos permitiu atravessar alguns anos com um orçamento baixíssimo dedicado ao treinamento, mas acabou por ser replicado nas empresas seguintes, onde o treinamento feito por instrutores internos passou a ocupar lugar de destaque no processo de treinamento e desenvolvimento de pessoas.

Esse tipo de programa tem a grande vantagem de funcionar como uma condição motivadora tanto para os que aprendem como para os que ensinam.

Hoje, quando celebramos o dia do professor, não nos esquecemos de nossos instrutores internos.

Ninguém é tão sábio que não tenha nada a aprender nem tão desprovido de modo a que não tenha nada a ensinar.

Santos de casa fazem milagres, e não são poucos.

O Líder e Sua Caixa de Ferramentas

No encerramento de alguns treinamentos para times de líderes, eu costumava perguntar sobre o conteúdo de uma caixa de ferramentas virtual do líder.

Se hoje até sexo pode ser virtual, por que não uma simples caixa de ferramentas?

Vejam algumas das respostas sobre o que a tal caixa deve conter:
- capacidade de desenvolver uma visão;
- habilidade de comunicação;
- otimismo;

- competência;
- capacidade de empreender resultados;
- coragem para tomar decisões;
- confiança;
- atitude inspiradora;
- energia inesgotável;
- felicidade contagiante;
- valores;
- honestidade;
- ética;
- sabedoria;
- proatividade;
- vontade de partilhar conhecimento e poder;
- excelência;
- causas diversas a granel, aglutinadoras e inspiradoras;
- alegria;
- carinho;
- amor por pessoas;
- foco;
- devoção ao cliente;
- muitos resultados a serem compartilhados;
- inovação e criatividade;
- liberdade;
- reconhecimento e celebração;
- motivação;
- delegação situacional;
- justiça;
- capacidade de ouvir e entender;
- humildade para servir;
- respeito a tudo e a todos;
- qualidade e produtividade;
- conhecimento;
- ousadia;
- habilidade para trabalhar em grupo;
- paixão pelo que faz e pela equipe;
- planejamento;
- constância e perseverança;
- desafios, metas e objetivos;
- etc. etc. etc.

Ao bom líder, sobram motivos para se orgulhar de sua caixa de ferramentas.

A caixa de ferramentas é poderosa!!! Quando o líder se dispõe a utilizá-la, em sua plenitude, coisas maravilhosas acontecem.

O Líder e Sua Mensagem à Equipe

"Caro Colega

É com prazer que estou te endereçando este exemplar do trabalho 'Melhores Práticas de Liderança'.

É o resultado do trabalho em equipe que contou com a colaboração de todas as áreas de nossa Vice-Presidência.

Quero também te deixar uma mensagem minha, que pretende mostrar como é fácil trabalhar com pessoas e ser um verdadeiro líder quando amamos nossas equipes.

Segue aqui minha mensagem:
Nossa liderança se solidifica quando somos capazes de desenvolver uma visão do futuro que dê à nossa equipe a direção correta. Nem sempre estaremos certos, mas se nossos acertos superarem em muito os nossos erros, receberemos da equipe a autorização para liderá-la. Não há liderança sem a visão de aonde queremos chegar.

Nossa visão gerará valor, através de nossa equipe, quando formos capazes de comunicá-la de maneira eficaz, disseminando-a a todos que irão de fato torná-la realidade.

Nossa liderança será cada vez mais reconhecida na medida em que nos posicionamos como facilitadores do trabalho de todos. Cabe ao líder proporcionar os meios, remover obstáculos, servir a equipe e viabilizar com ela a implementação da visão. Não há liderança sem resultados bons para todos.

A liderança repousa sobre o reconhecimento pelos liderados.

Todos somos iguais no que se refere às nossas necessidades como pessoas e profissionais, independentemente de sexo, cor, credo, preparo ou posição.

Queremos conseguir condições razoáveis de sobrevivência para nós mesmos e para nossas famílias.

Queremos crescer como indivíduos e como profissionais, buscando cada dia saber e fazer mais e melhor.

Queremos fazer algo de útil e de bom, ninguém quer gastar tempo com o que não agrega valor a nós mesmos e à empresa.

Queremos ser reconhecidos por aquilo que de bom fizermos.

Queremos celebrar cada uma de nossas pequenas vitórias.

Se conseguirmos ver a todos os que nos cercam sempre dessa maneira, e os ajudarmos a se realizarem, construiremos a equipe dos nossos sonhos, maravilhosamente feliz e vencedora."

PS: Mensagem assinada de próprio punho e distribuída aos quatrocentos líderes de minha equipe.

O Empresariamento de Processos e Resultados

A Excelência

Deve ser o sonho e a realidade de todos os líderes.

O sonho da excelência futura e a realidade da excelência possível no presente. Veja que não se trata do que é possível no presente, mas sim a excelência possível no presente.

A excelência é um conceito universalmente aplicável em todas as atividades na empresa e em nossas vidas.

Vai de um chão de fábrica limpo, de se poder rolar nele, ao cliente atendido em uma necessidade que ele nem sabia ter.

Em minhas andanças pela empresa, tentei sempre incutir nos líderes de minhas equipes a incansável busca pela excelência.

Excelência na qualidade – "total" –, quem faz, faz a qualidade. Qualidade total por ser de todos e qualidade total por ser aplicável a todos os processos. Qualidade intrínseca por estar no produto e nos serviços e qualidade nos prazos, custos e atendimento. Melhoria contínua na busca da excelência, corrida sem chegada, *an endless race*. O empolgante exercício do querer e do saber cada vez mais.

Na questão da excelência ao atender o cliente, estando ele certo ou errado, podemos sempre contar com a equação da qualidade em serviços:

Gap de Qualidade = Expectativa – Percepção

Quanto maior for o resultado dessa equação, pior a qualidade do ponto de vista do cliente. E mais distantes estamos da excelência.

E veja que o que vale é a percepção do ponto de vista do cliente. Quanto trabalho inútil é feito por partirmos de dentro para fora e não de fora para dentro, a partir do ponto de vista do cliente.

Excelência no gerenciamento do tema pessoas, tarefa hercúlea do líder, visão, inspiração, comunicação, geração de resultados, apoio, sustentação, compreensão, educação, paciência, valorização, reconhecimento, celebração, desafios, amor, orientação etc. etc. etc. Ser e fazer feliz, investir no ser humano como um todo, em sua individualidade e unicidade, respeitando e incentivando a diversidade enriquecedora. Ajudar sempre, lembrando-se sempre de quem é bom, ajuda quando está perto, ao passo que quem ama, está sempre perto para ajudar.

Excelência em processos, o resultado como a excelência dos meios. Máquinas, ferramentas, sistemas, projetos, ferramental, conhecimento, ensaios, testes, atitudes, ambiente de trabalho e motivação da equipe são alguns dos aspectos que podem trazer como consequência, ou não, um excelente resultado e fazer de você um grande líder, ou não.

Excelência no que se refere à sustentabilidade, resultados que garantem o futuro. O acionista não quer o lucro hoje, ele quer o lucro sempre. *Compliance* com as expectativas de todos: sociedade, acionistas, clientes, parceiros e integrantes da empresa. *Compliance* no que se refere às leis, às normas, aos procedimentos, às melhores práticas, à ética e aos demais valores corporativos e pessoais, respeitando a sociedade e o meio ambiente em que estamos inseridos.

Excelência nas soluções de produtos e serviços, com inovação, criatividade, conhecimento, sabedoria, absoluta resistência ao retrabalho, com processos e verificações adequadas, com maturidade da solução entregue ao cliente e com valor adicionado à empresa e aos seus *stakeholders*.

Excelência das causas defendidas, levando a excelência à vida à nossa volta.

Como escrito nos *Versos Áureos de Pitágoras*, copiados na capa de uma cópia de 1949 do livro *Juca Mulato*, lembrança deixada por meu pai: "nada faças de mal, quer estando sozinho quer acompanhado, antes de tudo lembra-te do respeito que deves a ti mesmo. Avances, ponha-te a trabalhar, não sem antes rogar aos deuses que te conduzam à perfeição".

Agindo assim, estaremos mais perto da excelência nossa de cada dia.

Liderança e Freadas de Arrumação

Algum tempo atrás, a liderança de nossa organização foi convidada a participar de um evento com um nome muito bonito. Tratava-se de um *Workshop* de *Breakthrough*.

Fomos para um hotel e ficamos lá, isolados por dois dias fazendo um trabalho de repensar a empresa.

Estimulados por um consultor, trouxemos à tona uma série de problemas com os quais nos debatíamos no dia a dia, muitas ideias que nos ancoravam a um passado que não nos pertencia mais e que deveriam ser sepultadas, muitas ideias a serem implementadas e nossos sonhos com um futuro brilhante.

Esse trabalho foi muito interessante, pois o futuro se mostrou muito mais brilhante do que aquele que havíamos ousado sonhar.

Em minha jornada de líder, passei por diversas situações onde um *Breakthrough* teve de ser feito.

Trago aqui essa questão, pois o controle da situação tem que estar e ficar nas mãos do líder. E quando se fizer necessária uma freada de arrumação, nome menos "bodoso" (gíria com o significado de bonito, imponente e pomposo) para o mesmo *Breakthrough*, esta deve ser providenciada pelo líder.

Muitas vezes vemos líderes convivendo com situações razoáveis, resultados satisfatórios, desempenhos medianos e pessoas mais ou menos boas, por longos períodos, sacrificando os resultados potenciais passíveis de serem atingidos pela equipe, comprometendo-se e comprometendo o moral da equipe e a sustentabilidade da empresa. Essa atitude é inaceitável. Ou o líder se conscientiza e dá uma freada de arrumação, pondo a casa em ordem, ou troque-se o líder. É necessário ao líder o senso crítico, nada menos que a excelência pode ser aceita.

Nessa linha, certa vez eu cunhei a seguinte frase que passou a definir a situação do líder frente à questão dos resultados: "ou o líder tem sucesso ou tem problemas, não existe uma terceira via".

Aconteceu de um diretor novo em minha organização, o José, em uma de nossas primeiras reuniões de liderança em que ele participava, trazer a frase e colocá-la ao grupo: "ou o líder tem sucesso ou tem problemas. Vocês sabem quem disse esta frase?". Após uma gargalhada geral do grupo, por vários anos, de vez em quando alguém lembrava ao José quem teria dito a tal frase.

Brincadeiras à parte, cabe ao líder que meteu o pé no freio, com a participação da equipe, analisar a situação, identificar causas raízes e buscar imprimir excelência aos meios para que os resultados planejados sejam alcançados.

Alguma metodologia de análise e solução de problemas, com ou sem a ajuda de consultores ou outros integrantes da organização, tem que ser utilizada. E aqui pode ser de valor o uso das ferramentas *lean*.

A freada pode ser feita dentro ou fora de uma situação de crise, mas como toda boa freada, se ela for preventivamente feita antes da crise se instalar é muito melhor.

Metido o pé no freio, simplifique sistemas e processos, reduza interfaces, melhore as ferramentas disponíveis, estabeleça indicadores de *performance* que permitam medir os resultados, reveja a organização, torne claros os papéis e as responsabilidades e coloque as pessoas certas e preparadas para desempenhá-los. Assim, você terá chances de ter sucesso.

O nome *Breakthrough* faz-me lembrar de Antoine de Saint-Exupéry, quando ele relata a história de um astrônomo turco que, tendo descoberto um novo planeta, foi apresentar sua demonstração à comunidade científica europeia vestindo roupas típicas. Ninguém acreditou na existência do tal planeta. Um ano mais tarde, ele repetiu a demonstração vestindo terno e gravata e não houve a menor dúvida, o planeta estava lá.

O *Workshop de Breakthrough*, em inglês de terno e gravata, que confere credibilidade à ação, ou a abrasileirada "freada de arrumação" pode ser de grande valia em determinadas situações.

"Ai ken garanti iu".

O Clima Organizacional

Cabe ao líder cuidar de sua equipe. É responsabilidade dele trazê-la para o lado da empresa e alinhá-la com suas causas e com a visão de futuro que todos deve ter em relação a ela e à própria equipe.

O líder tem que ter sempre em mente que o que deve ser levado em consideração é como está a cabeça de cada integrante de sua equipe. Todos precisam estar bem. Pessoas felizes darão mais e melhores resultados, e ainda se orgulharão em trabalhar duro.

Uma forma que inventaram de medir o quanto sua equipe está bem é a tal pesquisa de clima organizacional.

Nós também decidimos adotar as pesquisas para avaliar o nível de satisfação de todos os integrantes de nossas equipes.

Os primeiros anos não foram tão bons, tínhamos um nível de satisfação médio, algo como cinco e pouco em dez.

Como líderes, fomos à luta.

Uma boa ideia que adotamos, que se tornou uma boa prática, foi a de prepararmos um plano de ação, ao nível de cada gerente, para ser implementado de forma a provocar melhorias no clima organizacional.

Não era um plano normal, no sentido em que ele era feito de maneira *bottom-up* e implantado *top-down*. *Bottom-up* porque quem fazia os planos eram as equipes, algumas convidando o líder para participar da preparação, mas nem todas. *Top-down* porque a responsabilidade de implementar os planos ficava com os líderes.

É preciso ter coragem e estar num ambiente de muita confiança para se adotar essa prática. Mas se entendermos que estamos todos no mesmo barco, fica fácil adotá-la, e o sucesso reforça o clima de confiança.

Ao serem preparados os planos, constatou-se que uma parte dos problemas relacionados pelas equipes, de fato eram problemas que teriam que ser resolvidos pela corporação e não dependiam unicamente da ação deste ou daquele líder. Foram então separados, e ações corporativas passaram a ser adotadas para solucioná-los. Muitos outros foram resolvidos entre as equipes e os líderes.

Como minha equipe era bastante grande, com cerca de sessenta líderes com nível de gerente, para garantir que todos se interessassem pela implementação dos planos, a estatística passou a ser minha aliada. Todo mês eram sorteados três gerentes que teriam que fazer uma apresentação do status de implementação de seu plano a mim e aos seus colegas. Como ninguém quer fazer papel feio dentro do grupo ao qual pertence, os planos iam em frente e o clima ia às alturas. Algumas equipes chegaram a índices acima de noventa por cento de satisfação, em apenas três anos de exercício dessa prática.

Esses líderes se tornaram verdadeiros campeões em cuidar de suas equipes, adotando muitas das práticas de boa liderança que tínhamos construído coletivamente: estabelecer uma causa e uma visão e comunicá-las, é obvio, pelo exercício continuado da comunicação, planejar as ações a cada dia, proporcionar treinamento, cuidar da equipe e dos meios para que o trabalho possa ser executado, dar *feedback* e entregar resultados e compartilhá-los, reconhecê-los e celebrá-los.

Em uma palestra de formação de líderes, eu disse uma frase que depois passou a ser lembrada como um conceito pela minha equipe. Como muitas vezes não desempenhamos nosso papel até o fim, ou seja, até o reconhecimento e a celebração, torna-se importante reforçar a adoção destas duas últimas práticas. E, ao fazê-lo, eu disse: "o reconhecimento individualiza o sucesso, ao passo que a celebração o democratiza". É o obvio, mas só através da celebração todos podem se sentir de alguma forma parte de um sucesso.

A celebração é inclusiva.

O Líder, a Cangalha e o Burro

Esta é outra história usada para ilustrar treinamentos de líderes.

Trata-se da importância da visão de futuro a ser desenvolvida pelo líder, como forma de unir a todos da equipe em torno de um objetivo comum.

A visão do futuro desenvolvida pelo líder tem que ter uma série de qualidades, dentre as quais devemos destacar: ter boa dose de otimismo, ninguém se dispõe a seguir um pessimista; ser inspiradora; ter clareza e objetividade; apontar para um lugar melhor, onde todos queiram estar; e fazer sentido para a equipe e não somente para o líder.

Agora não basta desenvolver a visão. Há pessoas que, em posse da visão, a guardam a sete chaves, com medo de perder o controle sobre ela ou com medo de que alguém dela se aproprie.

Uma visão não adequadamente comunicada à equipe é de valor quase nulo, e é aqui que entra a história do burro e da cangalha.

Há muitos anos, meu avô materno construiu um dique para evitar enchentes em uma área de plantio de arroz. A forma usada foi a de encher carroças de terra em um morro e descarregá-las no local do dique. Essas carroças eram puxadas por burros que, após algum tempo de prática, aprenderam o caminho do incessante vaivém entre o ponto de carga e o de descarga. Bastava o homem que estava carregando a carroça bater na cangalha e o burro se deslocava para a descarga automaticamente. Existe até um ditado popular que diz: "basta bater na cangalha para o burro entender". A história de meu avô confirma o ditado.

Você deve estar se perguntando, e o que isso tem a ver com a visão e sua comunicação à equipe?

Ora, se até um burro aprende e não mais precisa que se bata de um lado e de outro da cangalha para que ele siga o caminho, por que você deveria conduzir sua equipe às cegas, sem dar a orientação completa, sem passar a visão de aonde se quer chegar, com clareza e objetividade, permitindo que ela te ajude a alcançar o porto seguro no futuro de todos?

Visão sem a correta comunicação não tem valor. E depois não adianta o líder sair por aí reclamando que a equipe não o ajuda a transformar suas visões em resultados.

"Quem não se comunica se estrumbica", já dizia Chacrinha, o sábio mestre dos programas de comunicação com plateia, nos velhos tempos de nossa TV.

PS: Cangalha é um tipo de arreio que se coloca no lombo do burro ou do cavalo e que é utilizado no transporte de carga.

O Líder e a Qualidade

A qualidade faz parte das fundações de qualquer organização e sem ela não existe perpetuidade ou sustentabilidade.

A qualidade é responsabilidade de todos; quem faz, faz a qualidade.

Com esse conceito em mente, a qualidade é também, e principalmente, uma responsabilidade dos líderes.

Os líderes que assumem sua responsabilidade sobre as questões de qualidade, têm uma possibilidade a mais a ser utilizada em sua missão de levar sua equipe pelos caminhos da excelência.

Competitividade pressupõe competência, competência é fator de excelência e excelência inclui a qualidade.

Já se tentou definir qualidade de muitas maneiras, mas a qualidade que realmente importa é aquela percebida pelo cliente, aquela que agrega valor ao cliente na geração de resultados no negócio dele. Qualidade é a adequação ao uso do ponto de vista do cliente, mas é também esse uso feito a um preço compatível com os resultados gerados para o cliente, ao tempo certo das necessidades e lastreado em um atendimento que gera e mantém uma relação de confiança e parceria com o cliente.

Definições à parte, o fato é que qualidade é uma condição *sine qua non* para o sucesso.

Em minhas andanças pela liderança, tive oportunidades de aprender e refletir sobre os conceitos ligados ao tema qualidade.

Aprendi que se preocupar com a qualidade não melhora a qualidade e ainda pode provocar úlceras.

Aprendi que ficar apenas falando sobre problemas de qualidade pode até piorar a qualidade, pois as equipes se sentem responsáveis pelos problemas, seu moral é afetado, mas não as ensina o que devem fazer.

Descobri que aumentar a inspeção não acrescenta qualidade aos produtos ou serviços, pois dilui a responsabilidade, diminui e desvaloriza quem faz, custa muito mais caro e ainda deixa defeitos chegarem aos clientes, estando o número destes determinado pelo nível de competência dos inspetores, que também têm problemas de qualidade.

Culpar e executar participantes da equipe por problemas de qualidade só faz com que os problemas passem a ser escondidos e os erros aumentem pela insegurança e medo despertados dentro das equipes.

Apenas controlar quanto está custando a não qualidade e levar isso aos custos do produto não melhora a qualidade e ainda pode nos tirar do mercado.

E daí, o que se pode fazer?

Primeiro, temos que crer que a qualidade deve estar em cada ação a ser desempenhada por qualquer integrante da equipe e não apenas nas ações daqueles ligados à produção dos produtos.

Em segundo lugar, desenvolver um modelo que permita trabalhar a qualidade de uma maneira integrada; o modelo que criei, apresento esquematicamente a seguir:

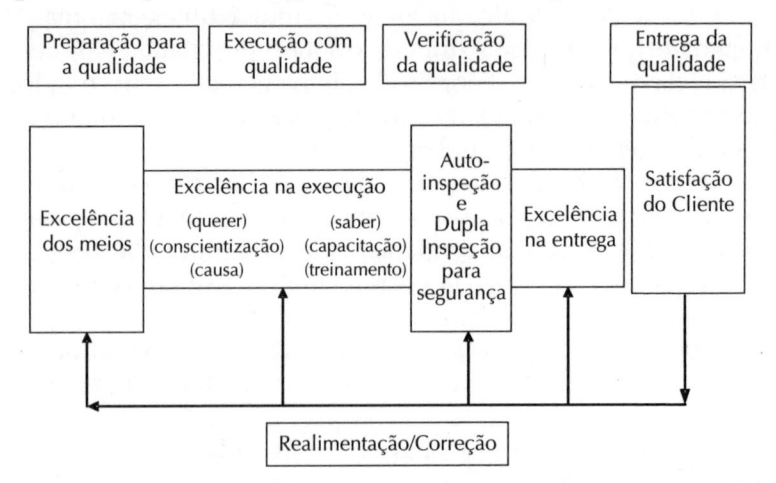

Preparação para a qualidade	Execução com qualidade	Verificação da qualidade		Entrega da qualidade
Excelência dos meios	Excelência na execução (querer) (saber) (conscientização) (capacitação) (causa) (treinamento)	Auto-inspeção e Dupla Inspeção para segurança	Excelência na entrega	Satisfação do Cliente
		Realimentação/Correção		

Esse modelo vale sempre, seja para aqueles que trabalham com o cliente final ou com o cliente interno.

Preparação para a qualidade:

Os meios que levam à qualidade são o planejamento, o projeto, o processo, a máquina, o ferramental, as ferramentas, os procedimentos de verificação, a matéria-prima e a qualificação de quem faz, entre muitos outros meios que por ventura tenham que estar disponíveis para a execução de um produto ou serviço. A qualidade começa no planejamento e na execução do projeto do produto ou serviço.

Execução com qualidade:

Quem faz, faz a qualidade. Para isso, é fundamental o entendimento de duas palavrinhas mágicas: o querer e o saber.

O querer, pela consciência da importância de se colocar qualidade em tudo que se faz, e o saber, advindo da competência, do conhecimento e do preparo de quem vai fazer. Conscientização e capacitação continuadas, isso é parte do segredo para se conseguir qualidade.

Fazer sem qualidade, melhor não fazer.

Verificação da qualidade:

A verificação da qualidade deve ser executada primeiramente por quem faz. Essa situação toca a valorização daqueles que de fato entregam um produto ou serviço. Inspeção por um segundo indivíduo só em casos diretamente ligados à segurança do produto ou do cliente, onde a dupla inspeção se faça recomendada. Facilmente nos esquecemos de verificar se colocamos qualidade naquilo que fizemos. Isso por acaso ocorre com o uso do papel higiênico?

Ações corretivas:

Já o processo de realimentação deve gerar a ação corretiva na origem, na causa raiz de qualquer eventual risco à qualidade.

A guerra contra a não qualidade se ganha na fase de preparação para a qualidade e na execução com qualidade. Qualquer ação que aconteça posteriormente a essas fases, já se aproxima dos desperdícios que rondam continuamente nossos processos de produção ou de serviços. O retrabalho ou o refazer são o ápice do desperdício.

Cabe ao líder erguer todos os dias um pouco mais a barra da excelência, e a excelência inclui a qualidade.

O foco na preparação, na execução e na excelência dos meios leva a resultados com qualidade.

O Líder e a Situação

"Lisboa velha cidade
Cheia de encanto e beleza,
Sempre formosa a sorrir
E a vestir, sempre airosa
O doce véu da saudade
Que cobre teu rosto
Linda princesa
...
Olhai, senhores, esta Lisboa de outras eras,
Dos cinco reis das esferas e das touradas reais,
Das festas, das seculares procissões,
Dos seculares pregões matinais
Que já não voltam mais."

Este trecho de música, famosíssima em Portugal, mas que pode ser uma ilustre desconhecida para muitos não tão "experientes" como eu, que já conto com muitos anos na minha carcaça, dá-me o ensejo para falar um pouco mais sobre a forma de atuação do líder.

No ano de 2006, fizemos a implantação de um novo sistema de gestão da fábrica. Substituímos um conjunto de sistemas comprados ou desenvolvidos internamente, que era uma grande colcha de retalhos, por um sistema único, comprado e "exageradamente" customizado para a nossa realidade. Acontece que o sistema era meio "quadrado", e não aceitou bem tanta customização.

Para completar o cenário, fizemos a mudança num *big bang*: desligamos os sistemas velhos sem possibilidade de religá-los e ligamos o novo.

Aí foi um Deus nos acuda, um salve-se quem puder.
A fábrica ficou quase seis meses sem um sistema descente para apoiar toda a operação.

Dentro do conceito de liderança situacional, aí foi onde ela precisou da máxima presença dos líderes. Não seria exagero dizer que, nessa situação, nós levamos a fábrica nos braços, quase na verdadeira acepção da palavra.

Todo o planejamento da produção, a identificação dos itens faltantes nas linhas, a colocação das ordens de compras e o *follow-up* foram feitos no braço.

Eram reuniões longas e sofridas, onde a pressão sobre todos os controladores de produção, os planejadores de materiais e os acionadores de compras era, tenho certeza, quase insuportável, inclusive porque eu participava ativamente delas.

Porém, não tínhamos outro jeito de fazer, e qualquer esmorecimento, àquela altura, seria comprometer ainda mais a produção já tão afetada pela falta do sistema.

Era tolerância zero com a falta de informação. Cada planejador, com ou sem sistema, tinha que saber tudo sobre seus itens; e olha que estávamos tratando de talvez dez ou vinte mil itens para cada linha de montagem. Era força bruta, exigência máxima e pancadaria das bravas em cada reunião.

E os líderes ali presentes, dando a cara a tapas, não se escondendo de suas responsabilidades. Grande time! Hoje, após os fatos, esse time continua merecendo todo o meu respeito e consideração. Eu continuo com o meu tributo à sua força.

Mas e a história da saudosa Lisboa?

Pregão pode significar um prego grande, daqueles que se usa para crucificar alguém. E foi assim que uma amiga consultora de recursos humanos interpretou o nome dado àquelas reuniões, o que a deixou completamente horrorizada.

Mas também acho que pregão pode significar uma longa ladainha onde se pergunta e se responde, onde se prega e se ouve; e pregão era o nome das infindáveis reuniões de posicionamento e visibilidade das linhas que tivemos que fazer por todo o segundo semestre de 2006.

Certamente não foi o melhor dos anos, mas conseguimos entregar grande parte do planejado e manter a empresa estável mesmo sem sistema.

Em tempos difíceis, mais necessária se faz a presença de líderes; em tempos normais, trabalho normal para todos, porém sempre sem nunca se deitar em berço esplêndido porque a concorrência não descansa.

A propósito da concorrência, lembro-me de uma frase que alguém sabiamente registrou atrás de uma porta de banheiro no cursinho Anglo Latino, quando, em 1965, eu me preparava para o vestibular: "enquanto você está aqui, um japonês está estudando muito para tirar o seu lugar na universidade". Assim é a concorrência.

Para encerrar, o resultado que alcançamos em 2006, se não brilhante, encheu-nos de orgulho e felicidade. Só nós sabíamos o quanto ele foi sofrido.

Um resultado, apenas razoável, obtido em situação extremamente adversa, também eleva nosso moral. Merece celebração.

Aos companheiros de pregão, e nenhum foi crucificado, meus respeitos.

O Líder e o Caminhão do Azambuja

Esta história foi por mim utilizada em diversas apresentações à liderança, tentando endereçar dois pontos especificamente: primeiro, a questão do líder não ser mais um fardo a ser carregado pela equipe; e segundo, os aspectos da importância da excelência dos meios para que os resultados sejam alcançados.

O Azambuja foi-me apresentado pela primeira vez pelo Chico Anysio, nosso querido humorista, em um programa de televisão onde ele contou uma piada que representava a história do Caminhão do Azambuja.

Azambuja era o dono e técnico de um time de futebol de "várzea", como se diz no Brasil daqueles times da "enésima" divisão de nosso futebol amador.

Além de dono do time, o Azambuja tinha um caminhão em que ele levava os jogadores para os jogos fora de seu "estádio". Acontece que da mesma forma que o time, o caminhão tinha lá suas deficiências.

Após muitas idas e vindas, um dos jogadores interpelou Azambuja sobre a eficácia do caminhão com a seguinte argumentação: "ô Azamba, você pode me explicar por que diabos estamos levando este caminhão para assistir aos nossos jogos? É notório que esta lata velha não está agregando qualquer valor ao nosso time, pois veja, na subida temos todos que empurrá-lo porque o motor não aguenta, e na decida temos todos que segurá-lo porque os freios não funcionam. Pensando bem, seria melhor deixá-lo sem assistir aos jogos".

Esta pode ser a história do líder que se esquece de que sua principal função é servir sua equipe. O líder tem que ser um facilitador, e dos bons, do trabalho de sua equipe. Sempre que solicitado, ele tem que estar pronto a ajudar. Tem que abrir portas, facilitar com uma boa organização, simplificar processos, desenvolver o time, apoiá-lo, dar a ele a direção, estimulá-lo a buscar a excelência, reconhecer, agradecer e celebrar cada vitória.

Quando fui liderar uma de nossas organizações nos Estados Unidos, ao falar aos líderes, acho que foi a primeira excursão do Azambuja ao exterior, lá nos "estates", em inglês, após contar a piada me dispus a não ser apenas o Caminhão do Azambuja.

No segundo ponto, quando o jogador questiona o Azambuja, ele nos permite discutir o quanto a excelência dos meios é importante para que os resultados sejam alcançados. Existem líderes que focam os resultados e esperam que com meios que são verdadeiros Caminhões do Azambuja, sua equipe tenha sucesso.

O resultado é consequência da excelência dos meios, não dá para ignorarmos esse fato.

E você, como você entra nesta história?

O Líder e o Coalhada

Esta história começa em um treinamento de líderes onde decidimos que os conceitos seriam todos vivenciados.

Tínhamos planejado um evento para o fechamento de um curso denominado *Líderes em Ação*, e uma semana antes do evento dei a algumas pessoas o desafio de montarem pequenas encenações para vivenciarmos os conceitos explorados naquele curso.

Para um dos grupos, que deveria vivenciar o tema Preparando a Equipe, convidei o Aranha, um integrante do nosso time de Logística e PPCP, que gostava muito de teatro e que já tinha se destacado como ator em outras encenações que tínhamos conduzido.

Acontece que o Aranha tem um cabelo encaracolado que me fez lembrar de um personagem da TV que se chamava Coalhada, um jogador de futebol criado pelo Chico Anysio e que fez, na época, um grande sucesso.

O Coalhada da TV era um enorme "perna de pau", um beberrão inveterado, mas que se julgava o máximo com a bola nos pés.

Todos nós sabemos que a preparação da equipe é condição fundamental para o sucesso do líder e da equipe em qualquer que seja a empreitada a ser desenvolvida.

Cabe ao líder promover o desenvolvimento continuado de sua equipe. Competitividade pressupõe competência, e a competência vem com a prática e com o treinamento e desenvolvimento continuado.

Além do mais, o senso de crescimento como ser humano e como profissional experimentado por aqueles que se desenvolvem continuamente, bem como os bons resultados obtidos conservam o moral alto dos indivíduos e das equipes.

Cortar treinamento e desenvolvimento pode significar comprometer o futuro.

Pois bem, o grupo que ia vivenciar o tema Preparando a Equipe aceitou minha sugestão e decidiu criar uma encenação na área do futebol.

Inventaram uma final de campeonato mundial interclubes entre o Barça e o Frufru em 2012 e partiram para a ação.

Apresentaram a preparação do Barça feita pelo técnico Tony, um espanhol de sotaque carregado, vestindo terno e gravata, fazendo planejamento de aquisições de novos jogadores, inovando nas táticas, disciplinando os treinos, levantando recursos para cobrir as despesas necessárias e a torcida com uma impressionante sequência de vitórias.

Já o Frufru Futebol Clube começou as contratações e os treinamentos uma semana antes do jogo, completamente desfalcado de bons jogadores, liderado pelo técnico Sacana, que acreditava que o improviso do time brasileiro seria suficiente para levantar o título.

Sacana até partiu para a aquisição de reforços, e é aí que entra o Coalhada.

Com sua garrafa de cachaça nas mãos, ele se apresentou ao técnico Sacana acompanhado de seu empresário Fofão. Muitas caras, olhares sonsos e goles de cachaça depois, o Coalhada foi contratado como reforço do Frufru para a grande final.

Foi também passado um vídeo dos treinos do Barça e do Frufru para que pudéssemos sentir a diferença que a preparação de uma equipe pode fazer.

Na véspera do jogo, uma entrevista com os dois técnicos: o Sr. Tony, com sua gravata impecável, humildemente dizendo de todo o esforço de preparação e da vontade de vencer; o técnico Sacana, camisa aberta sobre a barriga imensa, deixando tudo nas mãos de Deus.

Começou o jogo e o locutor brasileiro entusiasticamente irradiando a partida.

"Atenção pessoal, vai ser dada a partida. O Barça está com a posse de bola para o primeiro toque. O juiz apita e o Barça toca, passa por um, por dois, por três e é gol do Barça, gooooool do Barça.

Novamente a bola está no meio do campo, agora para o Frufru reiniciar o jogo, Coalhada toca, o Barça toma a bola, faz um lançamento para o ponta, e é gol do Barça, gooool do Barça.

Nova partida e o Frufru avança, Coalhada invade a área, é pênalti para o Frufru, agooooora vai minha gente!

Coalhada se posiciona para bater o pênalti, correu, bateu, o goleiro do Barça rebate e é gol do Barça, gooool do Barça.

O Juiz apita o início do segundo tempo e é gol do Barça, o juiz dá lateral e é gol do Barça, o juiz apita o fim do jogo e é gol do Barça, a torcida invade o campo e é gol do Barça. Já estamos no dia seguinte e é goool do Barça."

Em termos de preparação de sua equipe, a escolha é do líder. É treinar e desenvolver continuamente ou é goooool do Barça.

Todo líder tem a equipe que merece, e vice-versa.

Goooooool do Barça.

O Líder e o Controle

É muito comum um engenheiro achar que é capaz de quase tudo.

Dê a ele um desafio e ele vai tentar achar um jeito de conseguir vencê-lo.

É também muito comum que encontremos engenheiros em posições de liderança, e muitos têm feito um excelente trabalho como líderes, porém, nem todos.

Quando um engenheiro pensa em um sistema de controle, ele pensa mais ou menos assim: temos que ter um controlador, mas também temos que ter um processador/comparador, e sem um atuador, o sistema de controle não estaria completo.

Traduzindo em miúdos, teríamos:

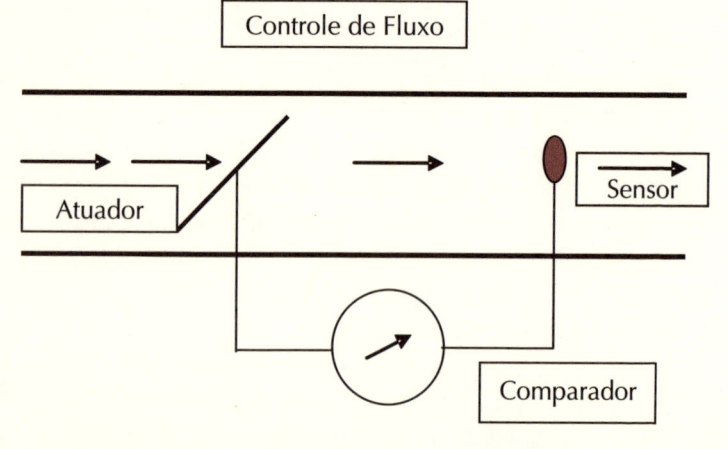

Controle de Fluxo

Atuador — Sensor — Comparador

O sensor sente, o processador/comparador e o atuador atua abrindo ou fechando a válvula e aumentando ou diminuindo o fluxo.

Cabe ao líder manter o controle sobre os processos que estão sendo desenvolvidos em sua área para garantir que os resultados sejam entregues.

Aos líderes, eu costumava dizer que era preciso manter um olho no gato e outro no peixe, entenda-se resultado a ser entregue e, por gato, ameaças a esse resultado.

O sistema a ser utilizado pelo líder é exatamente o mesmo concebido pelo engenheiro. É preciso ter um sensor, um comparador e um atuador para corrigir eventuais desvios e garantir o que a equipe irá atingir os objetivos, as metas e os resultados.

E, como no sistema do engenheiro, controle sem ação tem valor nulo, cabe ao líder permitir ou provocar as ações necessárias para as correções de processos de forma a garantir os resultados.

Se o líder não estabeleceu a visão, os objetivos e os resultados esperados, ele até pode ter o sensor, mas sem ter com o que comparar os resultados que estão sendo obtidos, ele também não terá como agir.

Um líder que navega só na superfície, mesmo que tenha estabelecido a visão, provavelmente terá seu sensor desativado e não perceberá os desvios, perdendo assim a oportunidade de comparar e agir.

Estando os objetivos e os sensores lá, e o comparador funcionando sem a atitude, a iniciativa e a coragem de atuar, fazendo o que for preciso ser feito, o líder não vai entregar todo o potencial de sua equipe na forma de resultados.

É atribuição do líder delegar as ações à sua equipe, mas não é esperado do líder que ele abandone a equipe e os resultados, esperando que tudo vá dar certo. Em nossa empresa é comum usarmos a expressão "delegar não é delargar", o que alguns líderes infelizmente fazem.

Manter um olho no gato e outro no peixe é atribuição do líder.

Quanto mais difíceis os resultados e desafiadores os objetivos, mais perto dos processos o líder tem que estar. Cabe a ele a viabilização dos meios para que sua equipe trabalhe. Cabe a ele a garantia da excelência dos meios, com controle e ação, e o resultado será uma consequência feliz.

Equipe que não entrega resultados é uma equipe de baixo moral, e líder que não zela pela entrega dos resultados não é líder.

Para saber se estamos entregando ou não o necessário, é preciso controlar.

O Líder e o Empresariamento do Cliente

Era julho de 2011, quando recebi o e-mail abaixo, que por si só serve para dar ao líder a exata dimensão e importância do empresariamento de resultados ligados ao cliente.

Repito aqui os escritos de um passado distante, mas que, por força do imutável nos negócios, quando se trata de servir e fidelizar nossos clientes, no todo ou em parte, ainda são muito atuais.

"Artur,
Semana passada, durante o *workshop Excellence in Customer Experience*, falou-se em construir algo que servisse como base para nortear a conduta e o comportamento das pessoas no atendimento e relacionamento com os clientes.
Resgatei então o documento anexo, escrito em fevereiro de 2000 por você, e nomeado Diretrizes Básicas da VPS.
Esse documento foi a base para a construção da área de Suporte a Operações. A organização da área e os conceitos que norteiam nossa operação foram baseados nessas diretrizes, às quais podemos creditar parte relevante do sucesso que temos obtido junto aos clientes.
O documento, embora escrito em 2000, possui diretrizes que, em sua grande maioria, se aplicam aos dias atuais. Talvez um ou outro item mereça ser escrito de forma diferente, como é o caso do item 15, uma vez que a realidade atual do mercado e da Empresa é outra diferente da realidade de 2000.
Entretanto, como linha geral de conduta, acho que esse documento pode ser muito útil e decidi encaminhá-lo aos participantes do *workshop* para ajudar no processo de construção da excelência no atendimento e relacionamento com os clientes.
Abraços,
Bentim"

"Diretrizes Básicas da VPS-Vice Presidência de Serviços ao Cliente

1. Nós existimos por deferência de nossos clientes.
   Sem clientes, a Empresa e a VPS não existem. Isso nos leva ao conceito de que o cliente tem prioridade em termos de onde devemos focar nossa atenção e energia. Em caso de dúvida, nosso foco é o do cliente e naquilo que faz diferença e acrescenta valor a ele.
2. Nós precisamos conhecer o nosso cliente.
   Não um conhecimento superficial e distante, mas sim, para alguns de nós, um conhecimento profundo e intenso, que sem invadir sua privacidade e seus limites, chegue ao nível de entrar em sua casa pela porta da cozinha. Precisamos conhecer seus orgulhos para estimulá-los, suas fraquezas para ajudá-los, suas necessidades para nos anteciparmos a elas e suas queixas para nos modificarmos.
3. A Embraer deve ser a casa do cliente, e respeitosamente devemos fazer da empresa do cliente a nossa casa.
   Não existe um problema do cliente, por recorrência, os problemas deles são nossos problemas. Mesmo quando um cliente estiver enfrentando dificuldades incríveis, devemos estar ao seu lado; só assim, quando juntos ultrapassarmos os problemas, teremos desenvolvido a cola indelével da amizade, confiança e respeito que manterá a fidelidade dele em relação ao nosso produto. Jamais podemos esquecer que O CLIENTE PODE MUDAR DE PRODUTO, NÓS NÃO.
4. O cliente não espera de nós festas, presentes, carinho ou bajulação, espera resultados.
   Nada tem valor no longo prazo para o cliente, a não ser que ele esteja atingindo seus objetivos com nossos produtos e serviços. O que ele quer é que nossa atuação acrescente valor aos seus resultados, e é dentro desse critério que ele irá ESCOLHER seus fornecedores. Nosso trabalho junto a um cliente deve ser estruturado para atendê-lo no longo prazo; fogo de palha não cativa o cliente.

5. O cliente merece transitar pelo caminho das exceções.
   As regras e os procedimentos existem para pôr ordem em nossas atividades, porém nenhum procedimento ou regra substitui nosso discernimento e bom senso no relacionamento com o cliente. Lembre-se de que o que não está dentro dos nossos limites pode estar dentro dos limites de nossos superiores; em caso de dúvida, consulte.
6. Nosso jogo com nosso cliente é GANHA – GANHA.
   Eu não sou nem mais "esperto" nem mais "inteligente" que meu cliente. No relacionamento com um cliente, é importante entender e fazer entender que não vale a lei de levar vantagem em tudo.
7. Nenhum fornecedor jamais ganhou uma briga com um cliente.
   Em caso de qualquer discussão com o cliente, a última ação é dele. OK, NÃO COMPRO MAIS O SEU PRODUTO. Isso encerra qualquer pendência.
8. Nós trabalharemos com qualidade.
   Qualidade significa: custos adequados;
                         qualidade intrínseca;
                         atendimento impecável;
                         moral alto de nossa equipe;
                         segurança de nosso cliente.
9. Custos adequados implicam produtividade.
   Devemos nos preocupar continuamente com os custos de nossos serviços e produtos. Mais do que nos preocupar, devemos buscar os métodos e processos e os sistemas adequados à execução de nossas atividades, pois só assim seremos produtivos. Eventuais investimentos devem ser feitos, levando-se sempre em consideração a necessidade de um retorno.
10. Qualidade intrínseca significa serviços e materiais com características próprias de excelência.
    As características próprias devem ser tais que atinjam as expectativas dos clientes. Se alguma coisa merece ser feita, então ela deve ser bem-feita.

11. Atendimento inclui o serviço ou a peça certa, no lugar certo, na hora certa, mais cortesia, prontidão, educação, clareza e honestidade no relacionamento com o cliente.
    Nunca podemos fazer o possível e nos acomodarmos achando que está tudo bem. O possível qualquer um faz. Nós estamos falando com um time de homens que torna possível o que precisa ser feito. "Há homens que lutam um dia e são bons, há homens que lutam um ano e são melhores, há homens que lutam uma vida e se tornam imprescindíveis".
12. O moral de nossa equipe define como nos sentimos e como nossos clientes vão nos sentir.
    Moral depende de treinamento, relacionamento humano, repartição do poder, sensação de competência, reconhecimento, segurança e autorrealização. Cada um de nós deve tratar os outros como a si próprio. Precisamos nos sentir bem no trabalho ou mudar de trabalho, é a única solução para não nos tornarmos amargos e negativistas. Cabe à liderança, a responsabilidade pela manutenção do moral de seu grupo. Uma palavra ou ação desmotivadora só será compensada por dez estímulos positivos. A liderança é responsável por no mínimo 80% dos fatores que podem destruir a motivação de seu grupo.
13. Vidas estão em nossas mãos.
    Nossos produtos e serviços estão diretamente envolvidos com a segurança de nossos clientes. Só um profissionalismo e espírito aeronáutico enraizados permitirão fazer nosso trabalho como deve ser feito. Na dúvida, pare e pergunte; devemos honrar aqueles que com coragem perguntam para aprender.
14. Nossa hierarquia é horizontal.
    Somos todos iguais, membros de um mesmo time. A distância entre chefes e subordinados ou entre mestres e aprendizes só faz dificultar o processo de crescimento. Cada um vale pela equipe que coordena. Já se vai longe o tempo dos Dom Quixotes de La Mancha acharem que sozinhos venceriam todos os moinhos de vento.

15. Nosso objetivo não é ganhar dinheiro e sim conseguir a satisfação do cliente e alavancar vendas, sem perder dinheiro.
16. Não vamos desistir nunca, nós somos capazes.

Se formos fiéis a esses princípios e, além do discurso, formos capazes de vivê-los, estaremos no caminho do sucesso.

Artur Coutinho
fevereiro/2000"

Mesmo com o alerta de meu querido colega Bentim, mudar ou não mudar, eis a questão do tópico número 15. O cliente está disposto a me deixar ganhar dinheiro para garantir a minha longevidade como negócio e assim garantir sua própria longevidade por estar sendo servido com excelência. O importante é dar o valor correto aos nossos serviços, **do ponto de vista do cliente**.

O Líder e o Modelo de Gestão

Já caminhando para o fim de minha carreira, um dia fui chamado a ajudar na produção de um sistema de empresariamento de negócios.

Um sistema de empresariamento deve minimamente conter uma caracterização do que seja o negócio, um modelo de gestão, uma organização e o *modo operandis* disso tudo, através da interação entre o sistema, a liderança e a equipe; juntando tudo, o sistema de gestão tem que se sintetizar na geração de resultados de forma sustentada.

Nessa oportunidade demos tratos à bola e, recorrendo a um desenho que vi pela primeira vez feito por um de meus gurus em liderança e aos fundamentos do MEG (Modelo de Excelência em Gestão), da Funadação Nacional da Qualidade, acabamos formatando o modelo que se segue:

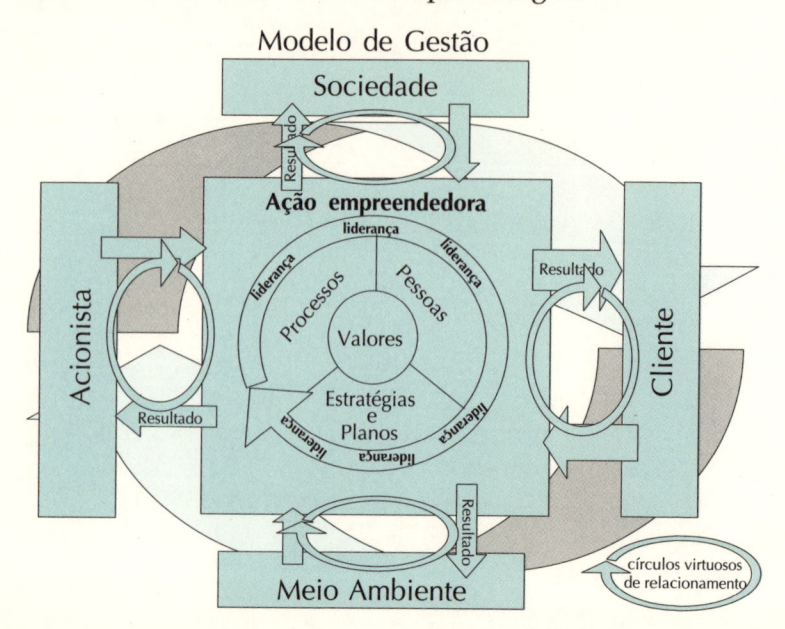

Modelo de Gestão

(Sociedade, Acionista, Cliente, Meio Ambiente — Ação empreendedora: Processos, Pessoas, Valores, Estratégias e Planos, liderança, Resultado — círculos virtuosos de relacionamento)

Os líderes, em qualquer negócio, são os únicos responsáveis pelo desenvolvimento da ação empreendedora.

Nesse modelo de gestão, é destaque central um conjunto de valores que, sendo da empresa ou do líder, irão determinar as atitudes e os comportamentos a serem adotados no desenvolvimento da ação.

A ação empreendedora do líder deve estar calcada na busca da excelência dos meios, entre os quais listamos estratégias e planos, dos processos com todos os seus acessórios e das pessoas que irão implementá-los.

Acontece que a ação empreendedora, que se desenvolve dentro da empresa, não pode deixar de levar em consideração outras entidades de extrema relevância para o sucesso e a perenidade do negócio. Todo negócio está inserido num contexto que inclui os clientes, os acionistas (ou proprietários), uma sociedade e o meio ambiente.

Todos os resultados do empreendimento acabam sendo elementos de troca entre os responsáveis pela ação empreendedora e as demais entidades envolvidas.

Os negócios terão sucesso se esses resultados forem trocados com clientes, acionistas, sociedade e meio ambiente de uma forma harmônica, através de círculos virtuosos de relacionamento.

A quebra de qualquer um desses círculos virtuosos, com qualquer uma das entidades que estão recebendo os resultados da ação empreendedora e entregando em troca, ao empreendimento, recursos dos mais variados tipos, provocará a falência do modelo e o fracasso do negócio.

Sem cliente, não há negócio. Sem acionistas dispostos a investirem, os negócios não crescem e acabam por morrer ou ser absorvidos em consolidações. Transgressões a leis, regras, princípios, normas ou quaisquer outros valores que regem uma sociedade poderão trazer problemas intransponíveis para o negócio. E hoje, cada vez mais, os negócios que agridem de forma ostensiva o meio ambiente estão fadados a desaparecerem. Eu mesmo já vi uma empresa que produzia chumbo ser fechada porque os resíduos estavam provocando saturnismo na vizinhança.

O líder é o grande viabilizador dos negócios por ser o único responsável pelo desenvolvimento da ação empreendedora. Você tem que garantir, em todas as frentes de relacionamento, a existência dos círculos virtuosos. Líder, você é o catalisador de todas as mudanças ou transformações pelas quais certamente os negócios vão passar, em sua jornada por um universo em constante evolução e exigindo constantes ajustes ou reinvenções. Você é fundamental, você faz a diferença.

Vá em frente, erga a cabeça e faça para sentir orgulho de sua ação empreendedora; muitos esperam muito de você.

O Líder e o Resultado

Os resultados, como já muito debatido, são de fundamental relevância para a empresa, a equipe, o líder e todos os demais *stakeholders* de uma empresa.

Acontece que às vezes alguns líderes se perdem no emaranhado do dia a dia e se esquecem de sua função fundamental que é entregar resultados; outros entregam resultados no curto prazo, mas se esquecem de que todos os envolvidos com a operação de um negócio precisam dos resultados hoje, mas também precisam deles sempre. O acionista quer o resultado hoje, mas também quer a sustentabilidade do negócio que proporcione a ele os resultados sempre.

Durante minhas sessões de treinamento e minha jornada como líder, tive a oportunidade de gerar algumas histórias sobre a questão dos resultados.

Uma dessas estórias está relacionada com o "girar a roda da morte ou girar a roda da vida".

Em muitas oportunidades vi empresas e seus líderes agindo de uma forma que, para mim, significava ativar a roda da morte. Exemplifico com a empresa que comparava seus custos internos com o preço de comprar os mesmos insumos de terceiros, e achando algo mais vantajoso no mercado, reduzia a ocupação de seus ativos e passava a comprar de fora. No giro seguinte da roda, com os mesmos ativos e produzindo menos, os custos fixos oneravam mais o produto produzido internamente, e lá se iam mais itens para o setor de compras. Algumas rodadas a mais, e a fabricação estaria morta. A solução da roda da vida é o aumento da utilização dos ativos, o aumento da produtividade e a redução dos custos internos de forma que com menos se faça mais e se continue vivo.

Também exemplifico com a empresa sentada em uma montanha de peças de reposição, reclamando que os clientes não compravam dela por estarem insatisfeitos com seu preço de vendas, que, por sinal, deixaria uma boa margem para a empresa, caso as vendas ocorressem. Roda da morte: preço alto, excelentes margens nas vendas realizadas, baixo volume de vendas, alto volume de estoques que elevavam os custos e os preços para que as margens fossem mantidas, isso se as vendas acontecessem, e volumes menores sendo vendidos. Roda da vida: margens razoáveis, maior volume vendido, menores custos fixos rateados, maior giro dos estoques, menores custos relativos de carregamento dos estoques, maior satisfação do cliente e mais vendas.

É o óbvio ululante.

Ainda sobre resultados, é fundamental o compromisso ferrenho do líder para com eles. Nesse sentido, algumas histórias se tornaram internacionalmente famosas, como a questão do "ajoelhou tem que rezar", que vertida para o inglês acabou como *once on your knees you must pray*. Essa história separa os líderes que entregam os resultados prometidos, dos líderes que precisam explicar por que os resultados não foram entregues. Acontece que "explicação não monta avião" nem qualquer outro produto ou serviço.

O resultado é a razão de existência do líder e a razão do moral alto da equipe.

Você já pensou que os vencedores não precisam explicar por que ou como venceram? Já os perdedores...

O que vale é o "macuco no embornal", pois macuco solto no mato não agrega valor ao caçador. Para ser mais fiel ao ditado, no dizer do caipira, *diríamos emborná*, e não embornal. E na linguagem do Google, macuco é o *Tinamus Solitarius*, uma ave selvagem da família dos *Tinamidae*, habitante da Mata Atlântica.

Líder, quando você se ajoelha, você reza? Quanto de explicação você tem dado ultimamente?

E o seu embornal, está cheio ou vazio? O seu macuco anda fugidio?

Há que se fazer um exame constante do valor que você e sua equipe agregam ao negócio.

Ou você tem sucesso ou tem problemas. O líder não tem uma terceira possibilidade.

O Líder e o Saltador em Altura

O atleta que pratica o salto em altura pode nos ensinar algo sobre liderança.

Todo atleta busca a excelência, todo atleta passa por um processo de melhoria contínua, planeja sua vida em torno de sua paixão pelo atletismo, cuida de seu principal ativo, ou seja, seu corpo e sua saúde e, além disso, treina, pratica, sabe que seu resultado será consequência da excelência de seu principal ativo e dos meios que tiver disponíveis e assim por diante.

O líder também deve cuidar de seu principal ativo, sua equipe, para que os resultados apareçam. Deve usar sempre as boas práticas de liderança, que vão desde a contratação adequada, o engajamento pela causa, a visão, a comunicação, o reconhecimento, o agradecimento e a celebração de cada pequena vitória, até o cuidado com o treinamento, a orientação, a atenção, a escuta e a distribuição do poder através da delegação situacional; trabalho mais fácil, menos proximidade, trabalho mais difícil, maior aproximação.

O líder deve saber que os resultados são consequência da excelência dos meios; tem vida curta o líder que só foca nos resultados e se esquece da adequação dos meios.

Não param por aqui os ensinamentos. O líder é o único responsável pela condução de sua equipe ao estado de excelência. Como o saltador, que ergue o sarrafo um centímetro a cada salto, também o líder deve erguer a barra da excelência diariamente, perguntando, criando pequenos objetivos cada dia mais desafiadores, querendo cada dia um pouquinho mais, dando a certeza a todos de que eles podem mais e ensinando a obstinada busca da melhoria contínua e a busca pelo centímetro a mais a ser saltado.

Se o saltador erguer o sarrafo vinte centímetros a cada salto, a sua probabilidade de falhar, não atingindo o seu limite para aquela série de saltos, aumenta drasticamente; eis aqui o ensinamento.

A única grande diferença é que todo saltador tem seu limite e o líder e a equipe não conhecem onde estão os seus.

Você vai tão longe quanto onde colocou seus limites. Você está conseguindo enxergar seus limites? Se estiver, coloque-os onde você não mais os veja. Você vai se tornar o craque das realizações e das entregas de resultados.

O Líder e Sua Responsabilidade Social

"O homem também chora menina morena, também deseja colo, palavra amena, precisa de carinho, precisa de ternura, precisa de um abraço da própria candura, ... precisa de descanso, precisa de um remanso, precisa de um sonho que o torne perfeito"...
"O homem se humilha se castram seus sonhos, seu sonho é sua vida e a vida é o trabalho, e sem o seu trabalho, o homem não tem honra, e sem a sua honra, se morre se mata"...
"Não dá para ser feliz, não dá para ser feliz, não dá para ser feliz, não dá para ser feliz".

Este trecho da música *Guerreiro Menino*, cantada pelo Fagner, e que eu usei muitas vezes em meus treinamentos, dá uma dimensão da real responsabilidade social do líder.

O líder, como responsável por sua equipe, tem que produzir resultados que garantam a sustentabilidade do negócio e sua perpetuidade.

A manutenção do emprego através da perpetuidade do negócio tem que ser aceita pelo líder como uma responsabilidade sua.

Muitas vezes nos deparamos com o dilema de ter que reduzir para estabilizar e depois poder crescer. Isso tem que ser feito pelo líder com a responsabilidade de proteger o todo, às vezes em detrimento de uma parte. Isso, embora de difícil execução, sendo necessário, deve ser parte do trabalho do líder, a ser executado com grande respeito e consciência.

Zelar pela equipe é cuidar das pessoas, é dar carinho e conforto, não somente o físico, mas principalmente o mental.

É transmitir segurança através dos resultados que realizam e elevam o moral da equipe, é dar atenção e dizer palavras que estimulem.

Nosso grande objetivo de vida é ser feliz. É preciso que o líder desenvolva um ambiente de felicidade em sua equipe.

Uma vez, ao receber uma nova área para eu liderar, conversando com o diretor, ele me disse: "nós aqui da engenharia somos todos sisudos", ao que eu prontamente respondi: "nós da produção somos todos felizes". Eu tinha orgulho de ter construído uma equipe de líderes felizes e que faziam suas equipes felizes.

O líder pode ser o céu ou o inferno. Cabe a nós tentarmos firmemente nos transformar em um lindo pedaço de céu azul para um voo seguro de nossa equipe.

Dá sim para ser feliz. Ser feliz é preciso.

Você já fez as contas para saber, na comunidade que cerca sua empresa, quantas pessoas dependem da competência do time de líderes? Dezoito mil integrantes da empresa, cada um com três dependentes, mais os empregados domésticos que trabalham em suas casas, cada um com três dependentes, mais o padeiro, o professor de seus filhos, o caixa do supermercado etc. etc. Tudo somado, umas duzentas mil pessoas podem estar dependendo de você ser um excelente líder para a sobrevivência delas.

Se isso não trouxer ao líder um senso de responsabilidade social, há o que se pensar!!!

O Líder, o Pão Pulmann e a Baguete

Em nosso modelo de gestão, os parâmetros fundamentais sob responsabilidade do líder são a entrega de resultados, a gestão de pessoas, o desenvolvimento de planos e estratégias, o desenvolvimento dos círculos virtuosos de relacionamento com o cliente e o acionista e a otimização de processos.

É sobre esta última que eu gostaria de discorrer um pouco.

Cabe ao líder levantar diariamente a barra da excelência na operação de sua equipe, e uma boa forma de fazer isso é através da melhoria contínua dos processos.

A melhoria dos processos pode ser feita, dentro de cada célula administrativa ou de manufatura, pelo uso da metodologia *lean* e de uma de suas ferramentas, os *kaizens*, ou por qualquer outro método alternativo.

Esta história do pão Pulmann e da baguete tornou-se evidente quando na reformulação de nossos processos de suprimentos, planejamento da produção e logística, fazendo o primeiro *kaisen* em nossa empresa, demo-nos conta, ao definir o *as is*, do número exagerado de interfaces entre diferentes pessoas e áreas que se faziam necessárias para que pudéssemos desenvolver todos os processos ligados às atividades em análise.

Uma interface desnecessária representa perda de tempo. Às vezes, essa perda de tempo pode ser a entrada em mais uma fila, uma distância a mais a ser percorrida por pessoas ou documentos, uma tela a mais em um sistema para ser aberta por alguém, uma quebra na definição clara de responsabilidades e, em todas as vezes, um desperdício.

Nossos processos muitas vezes são truncados como um pão Pulmann, em pequenas fatias colocadas em série e requerendo um número infindo de interfaces, o que os torna extremamente contraproducentes.

Os problemas passam a ser de todos e ao mesmo tempo de ninguém. A responsabilidade pela remoção de dificuldades e pela entrega dos resultados está diluída e o culpado pela demora sempre é o outro.

Em nossa revisão dos processos, naquela oportunidade, forjamos a ideia óbvia de cortar o pão como a baguete, no sentido longitudinal e não como um pão Pulmann. Nossos processos foram elaborados de forma que um dono único se responsabilizava por eles, do começo ao fim, e a responsabilidade ficava claramente definida e não havia como olhar para os outros caso algo não estivesse indo bem.

Isso exigiu mudanças na organização, mudança de papéis e responsabilidades, mudanças de *layout*, colocalização de serviços e até mudanças de líderes.

O que posso aqui garantir é que valeu a pena, pois a transformação nas áreas de suprimentos, planejamento e programação da produção e logística simplesmente fez com que os atrasos de produção desaparecessem de nossas vidas.

Áreas que antes eram sacos de pancadas das áreas de programas e comerciais passaram a estar à frente das necessidades, transformando-se em áreas admiráveis, com pessoal de altíssimo moral e resultados magníficos.

Se você, como líder, está sentado à frente de um pão Pulmann, ir ainda hoje a uma padaria comprar uma baguete e ficar olhando para ela para ver se dentro da sua cachola cai alguma ficha.

Sair da zona de conforto e melhorar continuamente os processos é responsabilidade dos líderes.

O Autoempresariamento

As Origens

O começo quase sempre é o caos.

Integrantes de equipes são jogados na situação de líderes sem o mínimo treinamento e aprenderão por tentativa e erro. Se tiverem sabedoria e um pouco de sorte, não se queimarão durante esse período de transição.

Muitos bons técnicos e engenheiros já foram fritos através dessa prática. O melhor médico, na maioria das vezes, não será o melhor diretor de hospital.

Comigo aconteceu o mesmo, em meu primeiro emprego na indústria eu já estava posicionado como um líder de uma equipe.

Tive a grande sorte de ter como meu primeiro líder uma pessoa forte que funcionou como meu guru em meu processo de aprendizado. Feliz daquele que em seu primeiro emprego tem um líder forte, desgraçado o que tem como primeiro líder um incompetente.

Nosso primeiro emprego é onde definimos nossos padrões que poderão ser de excelência ou de mediocridade, dependendo do nosso primeiro líder.

Se seu primeiro líder não for forte dentro de sua empresa, demita-se dele no exato momento em que você tiver certeza dessa situação. Seu futuro profissional pode depender dessa sua decisão.

Pela introdução a este tema, já dá para depreender que liderança é algo que pode ser aprendido.

Em meus treinamentos de líderes, eu sempre coloquei a questão de que capacidade de liderança não é algo com o qual se nasça. Sempre informei a todos que eu tinha nascido nu, e desafiava a plateia sobre alguém que tivesse nascido de maneira diferente.

Tendo nascido, aí sim pode ser que fatores externos, pertencentes ao ambiente em que eu cresci, tenham começado a influenciar sobre o meu destino de líder.

Para ser um líder, você certamente teve que ter o desenvolvimento de alguma competência, ter tido alguma vontade de assumir uma posição de liderança e uma oportunidade para que isso acontecesse. Sem esses três ingredientes não nasce um líder.

A competência pode ser desenvolvida e existem algumas maneiras de se fazer isso.

Uma maneira que eu acho bastante interessante é pela observação de um líder competente; encontrada essa figura, se você fizer dele seu guru, observar seus valores, suas atitudes, seu comportamento, a forma como ele se relaciona com os superiores, pares e subordinados, como ele trata a questão da entrega de resultados, como ele toma decisões, enfim, como ele desenvolve a ação empreendedora, pode ser que você aprenda algo, adquira alguma competência que o ajude em sua jornada na direção e durante a liderança.

Cursos, treinamentos, *coaching* e leituras também podem ajudar na aquisição de competências.

Exposição a situações críticas, onde você se veja forçado a assumir um papel e tomar decisões, sob pena de consequências importantes para você ou outros, também pode ser uma forma, meio torta, de lhe treinar para a liderança.

Existindo a competência, será necessária a oportunidade. Um evento onde você tenha que assumir a liderança de alguma situação, processo ou iniciativa tem que se apresentar a você para que você possa se tornar um líder.

Porém, por mais que oportunidades se apresentem, se você não tiver a vontade, não as pegue.

A vontade é fator determinante do sucesso, e se ela estiver em falta, continue sua jornada como profissional e seja feliz nela. Isso é o que mais importa.

Eu aprendi com gurus, mas também com treinamentos, *coaching* e leituras. Isso foi o suficiente para eu poder desenvolver, por três vezes, carreiras bem razoáveis em posições de liderança.

Nasci em uma família de posses limitadas. Meu pai começou como servente de pedreiro, minha mãe sabia apenas escrever o próprio nome e minha irmã mais velha não teve condições de ir para a universidade por ter tido o azar de nascer primeiro e em tempos mais difíceis. Fui criado em um ambiente rural, observando a vida em seu lado prático. Tive a sorte de ter um pai que valorizava a educação e que me deu a chance de cursar uma universidade; e foi assim que comecei meu caminho para a aquisição de alguma competência.

A liberdade, durante minhas etapas iniciais de vida, talvez tenha sido o empurrão inicial para minhas escolhas e tomadas de decisões que de certa forma passaram a fazer parte de minha vida e me capacitaram para ser o líder que eu consegui ser, limitado em minhas competências, como todo ser humano normal costuma ser.

Como líder, consciente do fato de que liderança se aprende, passei uma boa parte de meu tempo tentando transferir meus conhecimentos, valores, atitudes e práticas para outros líderes, tentando fazer de todos nós uma equipe de líderes melhores. Em muitas de minhas iniciativas acredito ter tido sucesso.

A vontade se sobrepõe à competência, e se a ela se juntar à oportunidade, você poderá até ir buscar a competência necessária e se tornar um grande líder.

A vontade só depende de você.

O Líder e o Paraquedas

É preciso que todos pensemos no futuro.

Cada um de nós tem que se preocupar, não de maneira doentia, com os tempos que por certo virão, quando a empresa passará a fazer parte do passado.

Nesse tempo iremos precisar do momento que estamos vivendo hoje.

Se hoje não estivermos nos preparando para nosso futuro, estamos agindo de maneira irresponsável.

Vai chegar um tempo em que não mais teremos um gerente no banco preocupado em nos atender, preocupado em manter nossa conta com aquele banco. Nesse tempo, poderemos ter que entrar nas filas como a maioria dos mortais, a não ser que nosso pé-de-meia esteja bastante cheio. Nesse tempo, se formos hoje descuidados, poderemos ter que cair em alguma enfermaria, o que nem sempre é algo que provoca deleite e satisfação com o atendimento a nós dispensado.

É importante começar a encher o pé-de-meia quando ainda temos dezenas de anos de trabalho produtivo à nossa frente.

Os programas pós-carreira deveriam começar com os jovens, embora a maioria deles nem pense nisso. Eles costumam só pensar naquilo.

É muito bom quando conseguimos nos estabelecer com alguma segurança material que nos permita fazer escolhas quando as coisas não estiverem bem.

É importante que, ao chegarmos à aposentadoria, tenhamos um mínimo de segurança que nos permita viver dignamente pelo menos uns vinte ou trinta anos. É preciso começar a economizar e investir hoje.

Eu sempre me julguei com segurança para sobreviver independentemente de meu emprego, sendo também verdade que nunca me julguei capaz de sobreviver sem meu trabalho. O trabalho faz parte de nossas vidas sempre.

Certo ou não sobre essa minha impressão de segurança, o fato é que sempre tive condições e coragem para fazer as escolhas que se fizeram necessárias, sem dores ou arrependimentos, pelo menos até agora.

Um fato ocorreu em 1991, que pode demonstrar essa minha sensação de segurança.

Eram tempos difíceis em uma das maiores crises do mercado aeronáutico.

Não estávamos conseguindo passar aos integrantes de nossas equipes uma mínima sensação de segurança, e isso nos levava a entrar e sair de greves por quaisquer motivos.

Naquela oportunidade, escrevi um artigo que foi publicado em um jornal local, e que trata da questão da sustentabilidade de cada um de nós e também do negócio pelo qual somos todos responsáveis.

Aqui vai:

O futuro depende de nós

Introdução: eu quero dedicar este artigo aos funcionários motivados e otimistas. Mas aí vocês vão dizer que a empresa vai mal, que as dívidas são muitas, que o pessoal está inseguro com o boato infundado de 100.000 demissões e que o clima organizacional está péssimo, de tal modo que funcionários motivados e otimistas já não existem mais.

Eu então peço desculpas e dedico o artigo aos funcionários que vocês já foram (e tenho certeza, voltarão a ser). Todos nós já fomos e vamos ser otimistas um dia, mas quase nunca paramos para pensar e nos lembrar disso. Quando eu era um gerente competente, ouvi a história de uma companhia que era o orgulho de um povo. Ela produzia aviões e se chamava Nuvens S.A.

Fiquei tão impressionado com a história que me candidatei e a custo consegui entrar para o seu quadro de funcionários.

Realmente, a empresa era a oitava maravilha da galáxia Técnos. Sua tecnologia era de ponta, a qualidade dos produtos os recomendava aos mercados mais exigentes, o salário era acima da média galáctica e cada funcionário se orgulhava de pertencer à Nuvens S.A.

Eu vivi assim feliz por alguns anos, até que houve uma pane no sistema administrativo da empresa. Algo se quebrara no sistema de transmissão dos preços para o custo de produção e nem todos entenderam e se dispuseram a ajudar no difícil conserto.

Com a pane, os custos ultrapassaram o preço de vendas e, como todo aeronauta sabe, nestas condições o motor dispara e, mesmo com a hélice embandeirada, a empresa entra em parafuso (chato, né?); e a menos que alguém acione o paracauda, ela vai a pique.

Logo nos primeiros momentos todos se negaram a acreditar que a pane era real, e mesmo após muitas voltas em parafuso, todos continuavam gastando como se os custos ainda fossem menores que o preço de vendas. Os desperdícios continuavam, os funcionários pediam aumento, a empresa fingia que não ia dar, o grande rei, dirigente sindical, subia em seu caminhão sonoro, a greve começava, a empresa dava aumento, a greve terminava e assim fomos vivendo.

Tudo ia nessa enganosa normalidade, até que a administração anunciou pela Rádio Demissão Ltda que estávamos em parafuso e perdendo altura aceleradamente.

Aí foi um barato voar. Gente saltou de paraquedas, gente foi saltada sem paraquedas e a maioria da gente se agarrou (ou colou?) no assento das cadeiras, paralisada.
Os mesmos projetistas maravilhosos que maravilhavam o universo com suas maravilhosas ideias, ficaram tão inseguros que sofreram amnésia. Os chefes, que todos os dias o rei em seu caminhão sonoro passou a chamar de marajás incompetentes, abateram-se e perderam a liderança, ofenderam-se, julgaram-se humilhados, ofenderam-se de novo e não chefiavam mais. Os funcionários, estimulados pelo grande rei, brigavam com os administradores, que brigavam com o grande rei, que estimulava mais os funcionários.
O que é interessante é que no meio dessa turbulência toda, ouvia-se um riso feliz, vez por outra interrompido por cochichos quase inaudíveis para nós (e nem era preciso cochichar, pois não entendíamos sua língua!). Eram os Hans Von Peters, donos da empresa Bólidos e Meteoritos S.A., que produzia aviões concorrentes na Galáxia Primeiro Mundo.
Olho para baixo e vejo que o parafuso ainda não terminou. Olho para o comando do paracauda e vejo um grupo tentando acioná-lo, mas falta força. O Dr. Machado corre de um lado para outro atrás da lata de Dolores que, como todos sabem, é aquele lubrificante verdinho produzido pelo Tesouro Americano, excelente para cabo de comando emperrado.
Corro para dar uma mãozinha no comando, mas ainda assim falta força.
Está faltando você para nos ajudar.
No caminhão sonoro, o grande rei continua me chamando de gerente incompetente, mas não faz nada além disso.
Sinto que se não nos unirmos, todos da empresa em torno deste maldito cabo, ele não desemperrará.
E o grande rei continua me chamando de incompetente e pregando a revolução, dizendo orgulhosamente que com os recursos do último comando de greve será feita uma grande festa com a dupla caipira Peãozinho e Trololó.
Não é gostoso nem justo ser chamado de incompetente por alguém que, tendo seus méritos, em termos de administração, da missa não conhece nem o terço.
A hora é de inteligência, compreensão e paz.
Sou um gerente que amo o que faço e faço o melhor de mim para ajudar os que trabalham comigo. Não sou vagabundo e trabalho das 07h30 às 18h00 todos os dias.

Um dia no futuro, ao olharmos estes difíceis momentos que atravessamos, se formos capazes de acionar o paracauda, será só sorrisos. Se o paracauda não se abrir, as lágrimas nos mostrarão como era boa a empresa Nuvens S.A. O futuro depende de nós e ninguém virá nos ajudar a construí-lo; não se iludam.
Em tempo: quando entrei na empresa eu já tinha, e estou de paraquedas; e você?"

Algumas explicações: parafuso chato é uma atitude em que o avião gira em um plano horizontal de forma estabilizada, mas vai perdendo altura até cair, a menos que ele disponha de um paracauda que uma vez acionado o tire dessa atitude.

Outro esclarecimento: a empresa Bólidos e Meteoritos S.A., dos Hans Von Peters, não passou pela crise e faliu.

Último esclarecimento: nós conseguimos finalmente acionar o paracauda e eu não precisei usar meu paraquedas.

Dúvida: você já começou a construir seu paraquedas?

O Líder e "Uma Nova Era"

Como líder, atravessei os tempos de sindicalismo selvagem. Isso foi lá pelo início dos anos 80, tempos em que se temperou a matéria-prima da qual é feito nosso ex-presidente, ex-sindicalista do ABC Paulista.

Temos que dar graças pela nossa evolução, no que se refere ao relacionamento da empresa com o empregado e empresa com sindicatos, ocorrida desde então.

Foram tempos de arrastões dentro de fábricas, chiqueiro para aprisionar as lideranças, pancadaria em frente às fábricas e outras coisas completamente descabidas.

Tive a oportunidade de trabalhar nas negociações de pelo menos três convenções coletivas de trabalho, pelo lado patronal, e isso certamente ensinou-me muito. Daquele tempo, guardo lembranças que considero pérolas para meu aprendizado, como a atitude do Normando, que mesmo quando os sindicalistas estavam subindo na mesa de negociação, mantinha a mais absoluta calma, tendo merecido deles o carinhoso apelido de "Boi Sonso", ou a frase histórica do sindicalista Sodré que dizia: "o dia em que a natureza não transformar mais amido em proteína, o empresário não terá mais trabalhadores". Vale esclarecer que estávamos na Bahia e ele se referia à dieta à base de farinha do trabalhador e sua família.

Aprendi então que nos momentos mais difíceis cabe ao líder mostrar a sua cara. Um líder se forja e se autoafirma nesses momentos.

Ainda se faz viva em minha memória a lembrança do dia em que interrompi um arrastão em minha área de estamparia, aproximando-me de meus liderados e dizendo: "vamos meter as lixadeiras nas peças e continuar trabalhando". Eles me ouviram e as fagulhas e o ruído intenso afastaram os pró-greve, que acabaram desistindo do arrastão. Como eu disse, nós evoluímos desde então.

O que interessa para o líder saber, é que o processo que se desenvolve é um processo de disputa pela cabeça dos integrantes de nossas equipes. Essa disputa é entre o líder e o sindicato.

O líder tem todas as condições de levar vantagem nessa disputa devido à proximidade com o liderado, ao tempo de que ele dispõe para tratar de todos os assuntos de interesse de sua equipe, à natural ascendência de que ele goza e ao respeito e admiração que ele desperta naqueles que aceitam sua liderança. Perder a disputa para alguém de fora, sem aproximação com os empregados, sem tempo para se dedicar a eles, sem afinidade com eles e, algumas vezes, com interesses políticos não diretamente ligados ao bem-estar deles é um grande vexame.

É claro que estou falando de verdadeiros líderes, de líderes que foram instituídos em sua posição pela aceitação de sua liderança, e não daqueles que apenas por ocuparem uma posição hierárquica se consideram líderes. Para estes, as condições precedentes de legitimidade inexistem, e eles certamente perderão a disputa.

O líder que cuida das condições básicas de remuneração, higiene e segurança, das necessidades de reconhecimento, crescimento profissional e intelectual, das necessidades de se realizarem através do trabalho e dos resultados alcançados por todos em sua equipe e que reconhece e celebra as vitórias já tem a batalha ganha na partida. É só não deixar a bola cair e ele conseguirá manter o controle da situação.

Comunicação é fundamental.

Cabe ao líder manter o sentimento de pertencer e eliminar qualquer sentimento de exclusão que por ventura possa aparecer em seu time. Como se faz isso? Diálogo, aproximação, distribuição equânime do trabalho em quantidade e qualidade, respeito e tratamento equivalente a todos e, por fim, amor à sua equipe. Sem exclusão, não há espaço a ser ocupado por elementos externos ao grupo.

A questão da "Nova Era" surgiu quando naqueles tempos selvagens, já estando clara para nós a necessidade de desenvolver com a equipe um novo padrão de relacionamento, quando eu realmente acreditava que era possível fazer diferente, eu coloquei para os empregados em uma comunicação o fato de que estávamos no início de uma nova era. O detalhe faltante para vocês entenderem esta questão é que essa comunicação foi feita do alto do caminhão de som do Sindicato, onde eu fora chamado a falar aos empregados, e de onde eu tive que mostrar a todos a minha cara. Como líder, não me furtei de fazê-lo, adotando uma atitude um pouco bárbara e arriscada, coisa de jovem e do apoio do nosso gerente de RH, o Brito, que subiu no caminhão de som comigo.

Só para vocês saberem, continuamos em greve no início da "Nova Era".

O Líder e a Emoção

Sempre lidei muito mal com as questões emotivas. Talvez isso se deva à herança genética de meus avós italianos.

Fui sempre, como dizia minha mãe, uma manteiga derretida, pois chorava por qualquer coisa. Talvez por isso sempre coloquei muita emoção em tudo aquilo que mereceu ser feito.

Não estou falando de chorar por coisas que realmente provocam emoções fortes, mas sim de chorar ao assistir, por exemplo, o filme *Kung-fu Panda* com meus netinhos.

Como bom italiano, não me abstenho de dar minha opinião nunca, até de conversa de papagaios eu costumo participar. E acredito que deva ser assim mesmo, quem quer liderar não pode se omitir. O líder que quer crescer tem que ocupar todos os espaços deixados por outros líderes na empresa; quando se trata dessa questão, não pode haver espaços vazios.

Se, por um lado, ser emotivo às vezes nos expõe a situações um pouco embaraçosas, por outro lado, essa emoção sempre me ajudou a desempenhar o papel de líder.

Minha emoção sempre foi associada a uma atitude verdadeira, sempre me ajudou a desenvolver uma relação de credibilidade e confiança com meus subordinados e parceiros.

A emotividade também me ajudou muito no processo de comunicação. Sempre ao falar em público ou em particular, eu falei com o coração; e as pessoas percebem facilmente isso. Mentir é uma porcaria de qualquer forma, mas mentir com a mente, de maneira premeditada, é mais fácil que mentir com o coração, e todos sabem disso.

Quando falando a grandes públicos, a emoção é o elo que pode nos ligar aos ouvintes. Ela transfere energia, fixa a atenção, acerta as frequências entre o emissor e o receptor, entusiasma, aproxima, cria laços de afeição e, de repente, pode até causar emoção.

Um líder não pode ser apático, não pode falar sem espalhar energia e não pode confiar somente na razão para provocar comprometimento.

A comunicação tem que passar pela mente, mas deve prender pelo coração. Mente e coração em um só propósito, falar para ser entendido, ouvir para entender, perceber o outro e estar sempre pronto para retrabalhar a comunicação se ela não estiver alcançando seus objetivos.

Comunicar-se bem é fundamental para o líder. Comunicar-se com o coração é uma vantagem para aqueles que sabem que não só da razão vive o homem.

Não esconda sua emoção, sinta, chore, seja feliz e dê chance para todos fazerem o mesmo. Nunca guarde rancores e leve sofrimento para casa, pois eles vão deixá-lo estressado e doente. Se algo o estiver incomodando, abra seu coração, deixe fluir a emoção.

Não adianta mesmo querer esconder, pois como canta e nos encanta o poeta,

> "Quando a gente tenta,
> de toda maneira,
> dele se guardar,
> sentimento ilhado,
> morto e amordaçado
> volta a incomodar".

O Líder e a Iniciativa

Era 1986.

Nessa data eu trabalhava na Bahia, liderando uma empresa de produção de equipamentos.

Em um dia de minhas férias, fui visitar a usina elétrica de Paulo Afonso, enfiada na garganta do rio São Francisco. O desfiladeiro é magnífico, o rio despenca por uma escarpa de mais de cem metros de altura e se transforma em uma corredeira agitada e confusa no vale lá em baixo.

Chegamos a um ponto no topo do penhasco onde o guia nos autorizou a chegar bem próximo à borda.

Sobre o leito do rio, em sua parte superior, as ruínas de uma estrada de ferro alongavam-se como um antigo caminho até a queda d'água. Ela terminava num antigo pau de carga que certamente servira para descer materiais pesados garganta abaixo.

O guia nos levou até um ponto no penhasco onde uma escada de ferro descia cravada na parede. Poderíamos descer.

Ninguém se aventurou a tal, exceto meu filho que mais do que depressa se dirigiu para a escada.

E lá fui eu atrás dele.

A escada era toda de ferro e como proteção tinha apenas um guarda-costas que descia escada abaixo, não impedindo em nenhum momento que víssemos a altura em que estávamos e o tamanho do estrago se algo desse errado.

A descida era longa, de uns cinquenta metros, e nos levava até um ressalto na encosta onde estava uma construção em ruínas e que nada tinha a ver com a moderna Paulo Afonso.

Era a usina hidroelétrica de Delmiro Gouveia.

Adentrando a construção, pudemos nos deparar com a turbina e os grandes geradores ou transformadores de energia hidráulica em energia elétrica.

Fiquei abismado com o feito de trazer até aquele fim de mundo um conjunto de máquinas tão grande e pesado.

A construção da usina data de aproximadamente 1913 e, naquele tempo, certamente sua construção foi um feito digno do nosso maior respeito.

A usina fora feita por Delmiro Gouveia, paraense radicado em Alagoas, filho de fazendeiro e empresário cheio de iniciativa.

Ao que consta em sua biografia, começou como vendedor de bilhetes em uma estação ferroviária, entrou no negócio de couros para exportação e amealhou riqueza.

Perdeu tudo e recomeçou de novo voltando a enriquecer no mesmo ramo de comércio com a Europa e os Estados Unidos. Em uma visita à Europa, ficou encantado com a revolução industrial que por lá pôde ver e, quando de volta, decidiu cria uma indústria próxima à garganta de Paulo Afonso.

Fundou a vila que hoje tem seu nome como cidade, criou uma fábrica de fiação e lançou uma marca de linha de algodão que chegou a concorrer com as linhas *Corrente*, até então importadas. A Usina era para eletrificar seus teares e a vila que circundava a fábrica.

Fiquei imaginado aqueles transformadores enormes, importados da Europa, chegando ao coração do sertão em carretões puxados por juntas de bois e sendo pendurados, desfiladeiro abaixo, por cabos ligados ao velho pau de carga.

Postos para funcionar, com sucesso, levaram luz elétrica ao sertanejo atônito, tudo como mérito de um único homem, visionário, valente, cheio de iniciativa e capacidade de empreender.

"Cabra" muitíssimo macho, não tenham disso a menor dúvida.

Como um dos transformadores estava estourado, podendo ser visto o seu sistema interior, catei no chão um pequeno pedaço de mica usado como isolamento elétrico, coloquei-o dentro de minha carteira e por muitos anos o levei comigo.

Aquele pedaço de mica tinha que me manter sintonizado no que a coragem e a iniciativa de um empreendedor são capazes de fazer.

Um pouco distante da usina, outras construções em ruínas se destacavam. Era a segunda usina em construção inacabada, seu criador fora assassinado antes de terminá-la. Sua indústria, ao que consta, terminou nas mãos de seus concorrentes.

Iniciativa é isso, empreender é isso, ter visão é isso e ter capacidade de implementação é isso.

Quando um líder acha que seus problemas são difíceis, Delmiro Gouveia que o diga.

O Líder e o Tempo

O momento atual é o mais importante na longa história da vida.

Quanto mais distante o passado, mais tênue é a memória disponível dele; quanto mais distante o futuro, maior a incerteza e menor é nosso controle sobre ele.

O que eu faço no momento presente pode ser determinante do sucesso ou insucesso no meu futuro; isso nos enche de responsabilidades sobre nossas decisões no agora.

Este é o cenário em que o líder está inserido.

Todos nós cometemos erros, mas o líder que se mantém é aquele onde a porcentagem de decisões acertadas se sobrepõe de forma expressiva sobre a porcentagem de erros. Tomar decisões acertadas envolve competência, prática, capacidade de observação, habilidade de ouvir, sensibilidade, aproximação com as equipes e com os lugares onde os resultados acontecem, capacidade de análise de informações incompletas, coragem e, às vezes, até sorte.

O que o líder foi capaz de aprender com o passado certamente pode ajudar no processo de tomada de decisão. Seu nível de preparação atual também é de fundamental relevância nesse processo.

O fato é que cabe ao líder, com base no conhecimento do passado e no controle incerto sobre o futuro, tomar as decisões no momento atual que deverão conduzir com segurança sua equipe pelos caminhos do sucesso.

Todas as decisões são tomadas com base em um conjunto de dados incompleto. Se você, para decidir, for esperar ter todos os dados em mãos, não decidirá nada.

A decisão é um ato solitário da liderança. Quem define o "então vamos fazer assim", está assumindo de fato o papel de líder.

Quanto melhor você trilhar o caminho das decisões acertadas, tanto mais você terá oportunidades de crescer como líder.

A maior parte desses conceitos veio de um debate em meu programa *Conversa sobre Liderança*, onde algumas seções se repetiram por até vinte e cinco vezes, em turmas de mais ou menos vinte participantes, até que toda a minha liderança tivesse tido a oportunidade de estar presente.

O Parto e o Líder

Novamente é uma questão de onde você coloca seus limites.

Tenho visto muito chorão reclamando de que as coisas para ele não acontecem, mas não move uma pena para fora da caixa onde está enclausurado.

Chorar não resolve nada.

Em vez disso, que tal você começar a questionar o que estará impedindo o seu desenvolvimento. Você provavelmente vai descobrir que seu maior entrave para crescer está exatamente em você.

O seu crescimento e o das pessoas de sua equipe se faz através do conhecimento, da sabedoria e de sua motivação.

Conhecimento se busca, sabedoria deve ser adquirida durante a vida e atitudes podem ser mudadas pela força da vontade.

Sua motivação vai definir o que será feito. Você vai até onde você fixou seus limites.

Sou engenheiro criado na raça e, como tal, aprendi muita coisa sobre agricultura e pecuária.

Uma coisa que eu nunca tinha feito ou visto fazer foi parto de bezerros, mas como para tudo pode haver uma primeira vez, aconteceu que um domingo, estando eu em casa, por volta das três horas da tarde, o caseiro da fazenda ligou dizendo que uma das vacas estava tentando dar à luz desde cedinho e aparentemente algo estava errado.

Fui para a fazenda, e chegando lá resolvi tentar ajudar no parto. Para isso, pedi que a vaca fosse presa e fiz nela um "toque" para ver se era possível descobrir algo. Com o tato identifiquei que o que estava se apresentando primeiro era a placenta e esta estava impedindo o posicionamento correto do bezerro. Fiz um movimento de empurrar a placenta para a lateral e para o fundo, no que após algumas tentativas tive sucesso. Passei então a procurar pelo bezerro e consegui identificar que ele estava com a cabeça entre as mãos, na posição em que eu já tinha visto outros bezerros nascerem.

Puxei o bezerro pelas mãos, tudo correu bem e em meia hora ele já estava no chão e em pé, procurando pelas mamadeiras da mãe.

Caros amigos veterinários, se eu cometi alguma heresia me perdoem, mas deu certo.

É lógico que eu estava imundo de sangue, líquidos e gosmas por todos os lados. Chegando a casa, minha mulher já gritou para eu tirar a roupa na varanda. E quando eu entrei e ela me perguntou o que tinha acontecido, após as explicações em que eu concluí que tinha sido fácil, ela afirmou: "então hoje você está triste, pois você fica realmente feliz quando as coisas são complicadas".

Talvez ela até tivesse razão, mas a verdade é que naquele dia eu quebrei uma série de paradigmas e entendi que o ser humano pode ser quase ilimitado em suas iniciativas. Esse foi o primeiro de uma série de partos, alguns tendo sido muito mais complicados.

Contada a história, vamos voltar à questão do líder e dos limites.

Muitas vezes o líder coloca para si próprio desafios que são pequenos e fáceis de serem alcançados, limitando suas realizações a coisas miúdas quando comparadas com aquelas necessárias para o negócio realmente se justificar. Ele pode até ficar feliz por atingir seus objetivos, mas em médio prazo seu sucesso será questionado e ele terá problemas. O mesmo se aplica aos desafios que ele coloca para sua equipe, pequenos desafios, pequenas realizações, resultados limitados e insucesso. Os resultados são a razão de ser daqueles que trabalham e o principal ingrediente para manter sua motivação pela sensação de se sentirem úteis e importantes para o negócio.

O pior nessa história é que alguns líderes não se dão conta dessa situação, continuam colocando seus limites ao alcance das mãos e só irão perceber o insucesso quando já for tarde demais, quando sua reputação e imagem já estiverem irremediavelmente manchadas.

Estes que não têm senso crítico são como aquele que chegou a casa e disse para a esposa: "mulher, eu sou um azarado. Hoje eu quase fui promovido. Você acredita que o cara que sentava exatamente ao meu lado passou a ser supervisor; por muito pouco não fui eu, apenas uma mesa de diferença".

Caia na real seu infeliz, nesse caso provavelmente são anos-luz de diferença.

Para resumir, você não conseguirá ir além dos limites que você mesmo se impõe. Você estará irremediavelmente preso à sua motivação. Ela determinará o que você vai fazer e até onde você vai chegar.

PS: Veterinários se cuidem, um dia ainda vou fazer veterinária. É só uma questão de tempo. Vou esperar pela terceira idade para ver se me encaixo em uma das "cotas" criadas pelo Governo Federal, a cota para alunos anciãos.
Hihihihihihi!

O Líder e Sua Carreira

Como em qualquer posição, sua carreira é sua responsabilidade.

Para aquele que quer fazer uma carreira, não adianta procurá-la nos outros, mas sim tratar de encontrá-la em si mesmo.

Um exemplo muito brilhante de carreira, e que me foi apontado pela Silvana, mais que uma consultora da Antar, uma grande amiga, é a do garoto nascido no Nordeste, em uma cidade em que hoje ainda não há luz elétrica, e para quem o sonho se materializava em um menino de melhores condições que ia a cavalo estudar numa cidade vizinha. Agarrando uma única oportunidade oferecida por um padre, de levá-lo para estudar em um seminário, acabou conhecendo o mundo, e após sair do seminário sem concluir os estudos em teologia, tornou-se garçon, dormindo no restaurante em que trabalhava enquanto estudava engenharia, tendo a vir posteriormente a comandar uma área importante em uma grande empresa. Quando Silvana o conheceu, já próximo a se aposentar, ele cursava um mestrado em advocacia, pensando em fazer um doutorado no exterior.

Carreira se constrói com determinação, conhecimento, sabedoria para usá-lo e atitude positiva perante a vida e proativa no que se refere a estar sempre pronto para a busca de resultados.

Oportunidades são como cavalos encilhados que passam, ou você os monta imediatamente ou não adianta correr atrás deles. Geralmente esta não é uma ideia que dará resultados.

Quantas pessoas, ao se depararem com uma oportunidade de carreira, começam a colocar sua aceitação no condicional: "mas vou ter este ou aquele benefício, vou ter que mudar ou não de cidade, vou ganhar 25% a mais ou não". Enquanto as condições são discutidas, o cavalo passa, e uma oportunidade perdida nunca mais voltará. E o pior é que às vezes ela leva consigo muitas outras possibilidades.

Eu mesmo sou filho de mãe que só sabia escrever o próprio nome e de um servente de pedreiro que, muitas vezes ao passarmos sobre um pontilhão da desativada estrada de ferro Central do Brasil, dizia-me: "filho, carreguei muitas latas de concreto nas costas para ajudar a fazer esta ponte".

Foi graças à visão de meu pai que me deu a oportunidade de acesso ao conhecimento, à sabedoria de vida que ele me transmitiu e aos valores éticos e morais sempre inegociáveis, ensinados por ele, e que orientam minhas atitudes que consegui construir minha careira. Ainda o ouço dizendo: "filho, primeiro a obrigação, depois a devoção".

Você é o dono de seu destino. Não passe vontades, não reclame, mexa-se, faça, avance sempre, ocupe os espaços vazios, peça e aceite ajuda, não perca oportunidades, aprenda sempre e use seu conhecimento com sabedoria para que ele se transforme em resultados, para a empresa e para você.

Yes, you can.

O Legado

Vou começar com João Guimarães Rosa: "Nada e a nossa condição".

Legado é quase nenhum, no máximo será a lembrança na memória de alguns, se algo de bom tivermos feito. O que de mal ou errado fizemos, todos terão o maior prazer em esquecer rapidamente.

Certo é que em duas gerações seremos nada, por mais que nos julguemos importantes e insubstituíveis. Nosso nome pode ficar em algum lugar, mas de significado vago ou nenhum para todos os que nos sucederem.

Até os assim considerados "grandes homens", substituíveis o foram, algumas vezes por mentes menos brilhantes, que por sua vez, eventualmente, deram lugar a outros "grandes homens".

O que vale é o que estamos fazendo de bom ou de bem aqui e agora.

Como líder, já vi meus times crescerem e se projetarem no cenário da empresa, e por mais de uma vez já os vi se desmontando, com cada um seguindo em frente em seu caminho. Há sempre algo a mais a ser feito, o passado não importa senão para dele tirarmos algumas poucas lições.

A transitoriedade da vida é um fato não transitório.

O que nos separa da loucura é o esquecimento, esquecer é preciso.

Aproveite para fazer bem o que tiver que ser feito hoje, amanhã o que você deixou de fazer hoje já estará velho, vencido ou até ultrapassado. *Carpe diem*.

É só pensarmos no volume de pó que foram exércitos invencíveis para concluirmos pela importância do hoje (Borges). Não deixe que a certeza do ontem ou a dúvida do amanhã atrapalhe seu hoje, se você deixar que isso aconteça, e se isso se tornar recorrente, você pode desaprender o significado da felicidade.

Não pense que escrevo isto sobre o legado porque esteja deprimido ou estressado. Eu, segundo meus times, posso até estressar os outros, mas não me estresso. Escrevo para tentar dar a todos uma perspectiva de nossa real dimensão e para que alguns defeitos não nos tirem do caminho da simplicidade e da boa convivência com os que nos são próximos, profissional ou familiarmente falando.

Eu tinha pensado em terminar com o "Viver é muito perigoso" de João Guimarães Rosa, mas acho forma melhor de terminar esta questão do legado em Regina Brett no *The Plain Dealer*. Apesar da consciência da realidade, ela nos escreveu aos noventa anos:

"Sempre escolha a vida. Ela pode não ser justa, mas ainda é boa.

Faça as pazes com o passado para ele não atrapalhar o seu presente.

Hoje é um dia especial.

A vida não vem atada com um laço, mais ainda assim é um presente".

Vá em frente, produza, seja e faça outros felizes, este será o seu legado, ainda que efêmero.

O Crepúsculo e o Líder

Tenho certeza de que o sol vai se pôr hoje. Pode ser um pouco mais cedo ou um pouco mais tarde, mas vai se pôr.

Também tenho certeza de que um pouco mais cedo ou um pouco mais tarde ele vai nascer novamente amanhã.

O crepúsculo também é um fato que mais cedo ou mais tarde fará parte da história de um líder.

Aqueles de nós que tiverem sorte, um dia "vestirão o pijama" e talvez darão uma nova direção à própria vida, buscando como o sol um novo amanhecer, que pode ser qualquer um, mas que certamente pode ser também maravilhoso.

A beleza das nuvens se incendiando em tons que irão de laranja brilhante a vermelho profundo, irão, por certo, iluminar meu primeiro dia após o crepúsculo.

As lembranças do sol que brilhou ontem não irão me incomodar. O tempo e a vida só andam para frente, e é para lá que eu estarei indo, indo e voltando, mudando quando necessário, errando e aprendendo sempre.

Será um novo despertar para o novo de cada dia. Um mundo todo ainda por fazer, um sem fim de novas oportunidades a explorar.

Vou procurar um novo emprego, vou para Minas Gerais, para um lugar supertranquilo onde eu nunca mais tenha que pensar, já pensei tanto, vou viajar com a patroa e satisfazer um desejo por ela a tanto tempo manifesto, vou voltar para a universidade, vou ter tempo para andar nas manhãs, ai como eu invejo aqueles que têm tempo, vou botar as fazendas em ordem, vou passar dias e dias na frente do computador descobrindo aquela ação na qual irei investir, e perder ou ganhar, vou a pé até o Mercado Municipal para comprar algo diferente, vou dar consultoria, vou fazer *coach* para líderes, vou finalmente pescar aquele peixe que tantas vezes sonhei tomando linha em minha carretilha, vou, vou..., e quando eu já tiver ido, vou de novo.

Se eu tiver a sorte de "vestir o pijama", será com muito orgulho e a dignidade de um vovô querido.

Não pretendo fazer como líderes que ficam por aí tampando a panela de pressão e impedindo o crescimento dos novos. Também não pretendo descer as escadas da carreira, como alguns líderes o fazem.

Lembro-me certa vez, observando os desacertos de um líder que voltou após alguns anos fora da empresa, de pensar e dizer: "líderes são como cavalos, ambos não sabem como descer escadas". E de fato é nisso que eu acredito.

Temos que ter a sorte de poder "vestir o pijama". A sorte de driblar os infartos que às vezes nos pegam na Malásia ou de evitar que o bonde saia dos trilhos por algo muito mais terrível que um infarto.

Tive um grande amigo que não conseguiu evitar o infarto. Era um dos nossos líderes.

Dele guardo muitas lembranças, mas certamente a mais forte é a de que juntos conseguimos erradicar o analfabetismo dentro da empresa. O desenvolvimento de pessoas era sua prioridade.

Em uma das entregas de diplomas do primário, onde eu e ele saíamos em cada foto, ainda é viva a mensagem de um dos integrantes de nossa equipe dizendo que agora ele não precisava mais se envergonhar de não saber ler, que agora ele era igual a todos em sua casa.

Meu amigo pego pelo infarto na Malásia..., grande contador de histórias, grande entusiasmado por pessoas, mecânico de resgate de aeronaves da FAB, grande mergulhador em apneia, desejos muitos meros, barracudas e sororocas na ponta de seu arpão, esteja você onde estiver.

Juca, meus respeitos, você é uma das lições que a vida me ensinou.

Encerramento

Se você conseguiu chegar até aqui, da maneira normal como consegue ler, você merece meus agradecimentos.

Este livro que pode parecer brincadeira, não é. Ele resume histórias ocorridas em trinta e seis anos de minha carreira.

Muitas das histórias, eu sei, contêm uma forte carga emocional para aqueles que as viveram. Para os estranhos a elas, o apelo pode não fazer qualquer sentido, porém, se você atentou para os detalhes, talvez essas mesmas histórias tenham lhe sido de alguma valia. Para as mentes abertas, como devem ser as dos líderes, sempre é possível aprender algo, mesmo nos pequenos enganos da vida.

Cada história pretendeu tratar de temas da liderança. Sob a escrita simples, talvez você tenha descoberto conceitos que eu nem imagino.

Se a leitura não lhe serviu para nada, desculpe-me, eu não estava preparado para você. Você ainda é um herói por ter chegado até aqui.

Sem mais delongas, e esperando não incorrer em nenhuma *liability*, digo-lhes então: "*oh dear*, oh vida, oh azar, saída pela esquerda" (Lippi the Lion e Hardy har Har).

That is it folks.

QUALITYMARK EDITORA

Entre em sintonia com o mundo

QualityPhone:

0800-0263311

Ligação gratuita

Qualitymark Editora
Rua Teixeira Júnior, 441 – São Cristóvão
20921-405 – Rio de Janeiro – RJ
Tels.: (21) 3094-8400/3295-9800
Fax: (21) 3295-9824
www.qualitymark.com.br
e-mail: quality@qualitymark.com.br

Dados Técnicos:

• Formato:	14 x 21 cm
• Mancha:	10,5 x 18 cm
• Fonte:	Book Antiqua
• Corpo:	11
• Entrelinha:	13
• Total de Páginas:	160
• 1ª Edição:	2013
• Gráfica:	Blue Print Gráfica e Editora